Didactique des langues étrangères

Collection dirigée par ROBERT GALISSON
Maître de conférences à l'Université de la Sorbonne Nouvelle
Directeur de l'UER Etudes Françaises pour l'Etranger.

GÉRARD VIGNER

LIRE :
DU TEXTE AU SENS

éléments pour un apprentissage
et un enseignement de la lecture

CLE
international

11, rue Méchain, 75014 Paris

Gérard VIGNER est professeur de Lettres. En poste en Tunisie depuis 1966, il a occupé les fonctions de conseiller pédagogique puis d'inspecteur de l'enseignement secondaire pour le français auprès du ministère tunisien de l'Education Nationale.

Le spectacle de l'homme isolé dans sa lecture est un des plus trompeurs qui soient. De ce tête à tête avec le texte, il semble qu'il n'y a rien à dire, que toute étude, tout commentaire ne pourra jamais rendre compte du caractère singulier de cette alchimie où, par le moyen de quelque mystérieuse transmutation, des signes noirs inscrits sur le papier deviennent soudain images, rêves, pensées, actions et qu'il y aurait même quelque indélicatesse à vouloir pénétrer dans l'espace intérieur ainsi créé.

Ce n'est donc pas un hasard si, pendant fort longtemps, la lecture fut décrite en termes de communion, d'interrogations ardentes portées auprès de textes : « témoignages sacrés (...) dont professeurs et élèves ne doivent s'approcher qu'avec respect, comme en tremblant. » (Clarac, 1963). Ces images au caractère liturgique évident servaient à envelopper l'acte de lecture dans un mystère que l'on jugeait inutile de percer. Il est temps aujourd'hui de dissiper un tel brouillard, il faut tenter d'y voir plus clair, s'efforcer de dénombrer et de décomposer en termes premiers, susceptibles d'une description rationnelle, ce qui jusqu'à maintenant avait été globalement perçu comme une sorte de rituel magique.

Dans cette hypothèse, apprendre à lire ne sera plus ce tâtonnement, cette quête incertaine que l'on connaît, mais une somme d'objectifs clairement reconnus vers lesquels il sera possible de faire converger le plus grand nombre.

Lire est un mode de communiquer, une aptitude à recevoir et à interpréter des messages. Ce ne saurait être l'expression d'un don réservé à quelques élus, mais la manifestation d'une activité intellectuelle donnée en partage à tous.

PRÉSENTATION

L'écrit, apparemment du moins, revient de loin. Il n'y a pas si longtemps encore, nombreux étaient ceux qui annonçaient sa disparition prochaine. La Galaxie Gutenberg allait devenir un amas d'étoiles mortes éclipsées au firmament des médias par la Galaxie Edison-Marconi chère à Mac-Luhan. Les chiffres partout diffusés ne manquaient pas d'impressionner. Des statistiques avaient établi qu'un nombre important de Français, entre 50 et 55 % ne lisaient jamais de livres. Tous les enseignants s'accordaient pour dire que les élèves ne lisaient plus, prisonniers d'un univers d'images que des millions de postes téléviseurs, répandus dans tous les foyers, diffusaient quotidiennement. Bref, dans un monde en voie d'analphabétisation, l'écrit ne serait plus qu'un mode marginal de communication réservé à l'usage d'une minorité restreinte d'individus.

Il est exact que les progrès technologiques absolument fantastiques accomplis ces dernières années dans le domaine de l'audio-visuel — téléviseurs, magnétoscopes, vidéo-cassettes, vidéo-disques, etc. —, les perspectives offertes par la télématique, tout cela ne pouvait que faire apparaître bien peu commode et bien désuet le texte imprimé, coûteux à fabriquer, de diffusion peu aisée, exigeant au surplus un effet important de décodage, alors que les nouvelles formes de communication de masse ne requièrent, du moins à première vue, qu'une attention passive et dispensent à leur utilisateur une gratification quasi-immédidate. Se dessinait ainsi progressivement l'image d'un monde où, comme dans *Fahrenheit 451* de Bradbury, disparaîtrait toute trace d'écrit.

A ce scepticisme sur l'avenir de l'écrit est venu se joindre le fait que la rénovation de l'enseignement des langues entreprise ces dernières années, par une réaction d'ailleurs parfaitement compréhensible, avait conduit à mettre le problème de l'écrit et de la lecture entre parenthèses.

En langue étrangère plus qu'en langue maternelle d'ailleurs, l'essentiel de l'effort de rénovation a porté sur l'élaboration d'outils descriptifs de la langue directement dérivés (du moins le pensait-on à une certaine époque) de la linguistique, dans l'intention d'apprendre à l'élève non plus un savoir sur la langue, mais tout simplement à communiquer, et ce dans les situations d'échange les plus communes, c'est à dire en oral de face à face. L'oral s'est donc vu soudainement promu au rang d'objectif prioritaire, et cela d'autant plus que la phonologie était un des rares domaines de la linguistique qui se soit prêté à une description sinon exhaustive — il y a encore beaucoup à faire et à découvrir en ce domaine —, du moins rigoureusement conduite et débouchant sur des réalisations pédagogiques aux résultats souvent spectaculaires.

L'étude de l'écrit, sous ses divers aspects et notamment celui de la lecture, se voyait ainsi reportée à plus tard, la priorité accordée à l'oral, au nom du respect de l'authenticité de la communication, servant en fait de prétexte destiné à masquer bien des incertitudes. En effet, dans les représentations de la langue données par la linguistique, l'écrit n'avait pas sa place. Nécessitant pour sa description des unités d'articulation d'une dimension supérieure à la phrase — dimension limite de la linguistique dans son champ d'investigation —, l'écrit requérait un outil de description dont nul ne disposait à l'époque, et le contraste était frappant entre les certitudes manifestées et parfois assénées relativement aux problèmes que posaient les étapes initiales de l'apprentissage, et l'empirisme retrouvé dès que l'on abordait les problèmes de l'écrit, ceux de la lecture plus particulièrement.

Ainsi, à une dévalorisation apparente de l'écrit comme outil de communication dans la civilisation contemporaine a correspondu, à peu près à la même époque d'ailleurs — et il ne doit pas s'agir d'une simple coïncidence —, un passage à vide dans la réflexion théorique et méthodologique relative à l'écrit. Tout ceci faisait mal augurer d'un aspect de l'apprentissage qui jusqu'alors avait bénéficié d'une place extrêmement importante dans tous les programmes d'enseignement de langue.

A ces visions semi-apocalyptiques, nous pouvons maintenant substituer, avec le recul du temps et la somme des expériences acquises, une vue plus sereine de la situation.

Même si l'écrit se révèle être moins spectaculaire dans ses manifestations que l'image, qu'elle soit muette ou sonore, fixe ou animée, même si le mode d'impression et de diffusion des textes — mais la situation est actuellement en train de changer — n'a pas connu la révolution technologique qui s'est manifestée dans l'audio-visuel, il ne semble cependant nullement menacé par la concurrence des nouveaux médias de masse. A la limite, on pourrait même dire qu'il se porte mieux que jamais. Il est bon de rappeler, par exemple, que dans un pays comme la France il se publie chaque année un peu plus de 20 000 ouvrages différents et que leur tirage global avoisine les 330 millions d'exemplaires, que la presse écrite et la presse hebdomadaire notamment connaissent une expansion continue, sans parler de la presse et des publications professionnelles, ce qui implique l'existence d'un public important de lecteurs. Aucune statistique n'est là pour prouver que les nouveaux médias ont réduit la part de la production écrite. Robert Escarpit (1973) constate même que dans la plupart des pays il y a forte corrélation entre l'intensité de la production écrite et le degré de structuration et de diffusion du réseau audio-visuel. Les médias semblent avoir eu plus pour conséquence de faire entrer de nouveaux publics dans la sphère de l'écrit que de les en exclure.

Si l'écrit a si bien résisté et s'il a même renforcé ses positions, il le doit à des qualités spécifiques tellement évidentes qu'elles avaient fini par ne plus être perçues. François Richaudeau (1969) rappelle à ce propos qu'un conférencier ou un speaker ne peut énoncer qu'un peu plus de 9 000 mots à l'heure alors que, dans le même laps de temps, un lecteur moyen peut lire un peu plus de 27 000 mots. Il faut savoir aussi que vingt minutes du *Journal Télévisé* de 20 h correspondent, en signes verbaux émis, à peu près à quatre colonnes d'une page d'un journal comme *Le Monde,* ce qui explique aisément pourquoi la lecture reste et restera toujours un moyen fondatemental d'acquisition des connaissances, indépendamment de ses qualités de souplesse dans l'utilisation, au contraire des moyens audio-visuels de communication, qui soumettent l'utilisateur à un protocole de consultation souvent astreignant (horaire fixe, nécessité parfois de se déplacer, etc.).

Une étude des besoins des utilisateurs dans la vie professionnelle fait enfin apparaître que, quel que soit le secteur envisagé, la nécessité de savoir lire est partout impérative, depuis le cariste consultant le livret de consignes de sécurité jusqu'au directeur général de multinationale lisant chaque jour rapports et documents de toutes sortes.

Les domaines de la lecture se sont en réalité infiniment élargis et touchent un public beaucoup plus vaste que celui d'autrefois. Toutefois, les champs d'application se sont certainement modifiés et la lecture littéraire n'est pas, quantitativement parlant, le mode de lecture dominant. L'image du lecteur solitaire retiré dans sa « librairie » comme l'était Montaigne doit laisser la place à celle d'un lecteur polyvalent faisant se succéder, dans la même journée, selon les impératifs de sa vie professionnelle, selon le lieu, selon le moment, différents mode de lecture. Mais ce bouleversement du paysage ne doit pas signifier pour autant la disparition de la lecture.

Le mode de consultation des documents, en revanche, évoluera très certainement. Dans bien des cas, le tube cathodique d'un téléviseur relié à une centrale d'information (ce qui est d'ailleurs actuellement le cas des réseaux documentaires) se substitue au support traditionnel de l'écrit qu'est la feuille de papier ; les micro-fiches commencent aussi à entrer dans les mœurs et sont d'un usage courant dans biens des secteurs de la vie professionnelle. Un projet comme le projet Antiope (Acquisition numérique et télévisualisation d'images organisées en pages d'écritures) est appelé à révolutionner le monde de la presse dans les vingt prochaines années, et modifiera très certainement les rapports du lecteur au texte ; on ne feuillette pas un livre comme on consulte une console de visualisation. Mais dans tous les cas, l'activité intellectuelle mise en jeu lors du décodage du texte écrit, quel que soit par ailleurs son support d'apparition, sera de nature identique. Le progrès technique accélérera et facilitera le mode de transmission et de consultation des documents écrits, mais ne pourra modifier en rien notre structure d'entendement et notre mode d'appréhension du sens. L'activité de lecture restera toujours le dernier terme de la chaîne de transmission ; nul appareil, si perfectionné soit-il, ne pourra jamais s'y substituer.

On observera enfin un regain d'intérêt très net porté à la lecture dans les programmes actuels de français langue étrangère. On a pu noter en effet qu'un grand nombre d'élèves étudiant le français n'auraient jamais de contacts directs avec des locuteurs francophones en situation de communication orale en face à face, et que, dans bien des cas, le contact se ferait uniquement par le moyen de textes écrits. Il apparaissait donc plus utile de développer l'aptitude à la compréhension des textes écrits que l'expression orale, telle que les méthodes d'apprentissage audio-visuelles le préconisent encore.

Mais, réhabiliter l'enseignement de la lecture, n'est-ce pas revenir à plus de vingt ans en arrière et remettre à l'honneur ce que l'on avait peut-être brûlé un peu trop vite ? Y a-t-il là quelque chose de vraiment nouveau ? En réalité, il n'est jamais totalement inutile de redécouvrir l'Amérique car, à chaque fois, les choses n'y sont plus tout à fait les mêmes. D'autre part, et ce n'est pas le moindre intérêt de cette redécouverte, on constate que sur l'acte de lire, on ne sait que fort peu de choses. Dans un article récent, Tzvetan Todorov (1975) notait : « L'omniprésent est imperceptible. Rien n'est plus commun que l'expérience de lire et rien n'est plus ignoré. Lire : cela va tellement de soi qu'il semble, à première vue, qu'il n'y a rien à en dire. » Des décennies durant, les études universitaires se sont beaucoup plus intéressées aux règles de fabrication des textes qu'à celles de leur réception. On a étudié le texte dans ses rapports avec l'auteur, avec la réalité qu'il était supposé représenter, le texte en soi donc, mais fort rarement le texte pour le lecteur.

C'est pourquoi, nous voudrions tracer ici un premier bilan des données disponibles sur la question. Il ne s'agit pas de les regrouper dans le cadre d'une théorie générale de la lecture, trop d'aspects sont encore inconnus ou mal explorés, mais de les présenter de telle sorte qu'il soit possible d'en tirer une exploitation pour le travail de classe, toute amélioration, même partielle, en ce domaine ne pouvant qu'être la bienvenue.

En faisant ainsi converger de différents horizons de la recherche des données de toute nature, nous espérons donner du texte et de sa lecture une vision autre que celle qui nous a été léguée par la tradition universitaire. La solution d'un problème réside avant tout dans la façon de le poser. Tel est le premier objectif que nous voudrions nous assigner.

LIRE

« — Tu sais pas ? Je crois que je sais ce que t'as. C'est
tous ces trucs que tu lis.
— Hein ?
— Cette attitude que t'as. La lecture, ça vaut rien pour
un bonhomme. Sans blague. Montre-moi un type
qui lit, je te dirai que c'est un mec qui se fait du
souci. Prends un paysan ou un pêcheur, tout ce qu'il
a envie, c'est d'avoir un peu de quoi bouffer, un peu
de rhum et un peu d'amour et il est heureux. Il sait
pas ce qui se passe ailleurs, alors il se fait pas de
souci pour tout ça, tu comprends ?
— On peut en dire autant des poissons.
— Et alors ? Tu en connais des poissons malheureux ? »

Jack Dillon
Beau temps pour caner - Série Noire -
Ed. Gallimard

LA COMMUNICATION ÉCRITE

L'idée que la fonction fondamentale du langage est sa fonction de communication ne s'est imposée que depuis peu. Il fallut tout l'effort des linguistes pour montrer que les traits les plus caractéristiques du langage n'avaient de sens que par rapport à une fonction majeure, celle d'assurer au moindre coût la communication entre les individus et les groupes, échappant ainsi aux interprétations mentalistes qui faisaient avant tout du langage l'expression d'une pensée.

Il semble qu'avec un demi-siècle de décalage il en aille à peu près de même au sujet des textes écrits. Essentiellement étudié sous sa forme littéraire, le texte écrit a pendant longtemps été considéré comme une sorte de donnée quasi naturelle qui permettait à un auteur de « s'exprimer », assemblage de mots sur la nature et la fonction duquel il ne semblait guère utile de s'interroger. Il fallut attendre les années soixante pour voir apparaître les premières recherches, les premiers travaux se rapportant au texte, non plus dans une réalisation particulière, mais dans sa nature même, et à sa définition (1). D'où les errements que connut pendant longtemps l'enseignement de la lecture. Comment prétendre en effet enseigner une conduite, faire acquérir un comportement, quand on ne peut définir l'objet auquel il s'applique, ni les objectifs qu'il convient d'atteindre ? C'est s'en remettre à l'empirisme, au bricolage, avec certes tout ce que cela peut comporter de positif, mais aussi avec tous les inconvénients qui s'y rattachent.

Le texte écrit, en première analyse, devra donc être considéré comme une modalité d'utilisation du langage en vue d'assurer la communication entre deux ou plusieurs interlocuteurs.

Communiquer, c'est tout d'abord avoir un message, c'est-à-dire un contenu de sens à transmettre à quelqu'un, que ce soit pour informer, pour agir sur, pour faire part d'un sentiment, peu importe ici, ce qui dans tous les cas implique l'existence d'un émetteur, celui qui est à l'origine du message, et d'un récepteur, celui à qui il est destiné (2). La transmission du message sera assurée par un

---

(1) Il ne faut pas ignorer les travaux menés par l'école formaliste russe, ni les recherches entreprises dans le domaine anglo-saxon, mais leur diffusion resta quasi confidentielle en France jusque vers 1955 et 1960 et fut sans impact sur l'enseignement.

(2) Sur le problème de la communication, on pourra trouver une bonne description des facteurs de la communication dans René MUCCHIELLI *Communications et réseaux de communications,* Paris, E.S.F., 1973 ; lire aussi Patrick CHARAUDEAU *Réflexion pour une typologie des discours, Etudes de Linguistique Appliquée,* n° 11, sept. 1973 ainsi que la 1ère partie. *Langage et communication* in Georges MOUNIN *Linguistique et philosophie,* Paris, P.U.F., 1975.

système de signes ou de signaux fonctionnant selon un code convenu par les deux interlocuteurs. Signaux acoustiques dans le cas d'une communication orale, signaux visuels pour l'écrit.

La communication orale en face à face sera un échange langagier caractérisé par le fait que :

— les locuteurs sont en présence, une partie du sens à transmettre peut l'être au moyen de mimiques, de gestes, de l'intonation. . . ;

— les locuteurs partagent la même situation d'énonciation. Ils sont en un même lieu, à un même moment, d'où parfois un implicite important dans le message transmis, beaucoup de choses n'ayant pas à être dites du fait de leur présence matérielle à côté des locuteurs ;

— les locuteurs peuvent à tout moment changer de rôle, passer du statut d'émetteur à celui de récepteur et vice versa.

— les locuteurs peuvent immédiatement vérifier l'impact de leur propos sur leur auditeur, vérifier que le message est correctement reçu, éventuellement corriger, préciser. . . ;

Pour que la communication s'établisse ou se maintienne, il faudra donc que :

— les deux locuteurs disposent du même code de communication ;

— les deux locuteurs évoluent à l'intérieur d'un cadre commun de références ;

— des « bruits » d'origine diverses ne viennent pas perturber la transmission du message.

Communiquer, ce sera donc adresser un message à quelqu'un sur un problème donné, avec une intention particulière, interprété éventuellement à partir de sa propre expérience, exprimé selon les modalités spécifiques d'utilisation du langage.

La communication écrite va détenir ses caractéristiques fondamentales du fait qu'au moment de l'émission du message l'interlocuteur auquel on s'adresse est absent, ce qui va conduire l'émetteur, qui devient ici scripteur, à :

— recourir exclusivement au code verbal dans sa forme graphique - il n'est plus possible de se servir de gestes, mimiques, intonations. . . Il faudra en donner une transposition verbale écrite ;

— expliciter la totalité des éléments de référence de son message, le récepteur ne partageant pas avec le scripteur la situation d'énonciation ;

— développer un message monologué, homogène. Il ne sera à aucun moment interrompu par le lecteur, d'où le caractère plus construit du message écrit, par opposition au message oral, souvent discontinu, chaotique dans son déroulement ;

— anticiper sur les attitudes et les réactions de son interlocuteur. Il ne pourra pas assister à la réception de son message. Il devra donc prévoir les perturbations possibles dans sa réception, lever par avance les ambiguïtés susceptibles de naître à sa lecture, pourvoir donc son message d'un système d'auto-contrôle de la réception, de façon à limiter au maximum les pertes d'information et les erreurs d'interprétation.

On sait d'autre part qu'un signal est pourvu d'une puissance initiale d'émission donnée qui aura tendance à s'affaiblir au fur et à mesure de sa diffusion, qu'il peut subir en outre des distorsions, ce qui rend souvent nécessaire la mise en place de relais en vue de le renforcer et de le redresser. Le message écrit pourra être conçu comme une sorte de super-signal qui devra disposer en lui-même de ses propres sources d'énergie pour maintenir en permanence ses capacités de diffusion ainsi que son propre système de redresseurs, pour conserver sa forme initiale, quels que soient le délai et le lieu de réception.

Le malentendu est donc au cœur de la communication écrite. Produire un texte écrit, ce sera formuler une hypothèse sur les conditions de réception et d'appréciation du message que l'on souhaite transmettre. Lire un texte écrit consistera à s'interroger sur le sens exact du message que l'on reçoit, sur les intentions de son auteur. La communication écrite ne fera donc que mettre en relation deux incertitudes, celle du scripteur quant aux réactions et au comportement de son lecteur, et celle du lecteur relative aux intentions du scripteur.

Toute communication écrite tendra à réduire au minimum l'état mutuel d'incertitude des interlocuteurs, sans jamais toutefois y parvenir complètement. Le malentendu est l'état normal vers lequel tend, par une sorte de fatalité propre à toute communication, la communication écrite, l'intercompréhension résultant d'un effort permanent mené pour vaincre tous les obstacles qui s'attachent à la transmission des messages écrits.

UNE COMMUNICATION DANS LE TEMPS

Dire de l'écrit, comme nous venons de le voir, qu'il est une communication différée, c'est, en toute rigueur logique, le définir comme une communication dans le temps — différé signifiant, entre autres aspects, qu'entre le moment où le message est émis et celui où il est reçu s'écoule un laps de temps plus ou moins important. Que pourra-t-on ajouter alors à ce qui précède qui n'ait déjà été dit ?

Nous voudrions en fait examiner plus attentivement le rôle que peut jouer le temps comme composante du message écrit, au point que l'on peut se demander si ce n'est pas par ce trait qu'il est possible de le caractériser le mieux.

1. Message oral, message écrit

Ecrire, nous l'avons vu, c'est disposer d'un nouvel instrument de communication, essentiellement conçu comme second par rapport à une communication orale immédiate, échange langagier faisant intervenir :

« un locuteur   commettant un   envers un   dans une   en référence à

    L   acte C   interlocuteur /   situation S   R

et en réaction »

à un acte A   (Roulet, 1977)

L'écrit se caractérisait ainsi différentiellement par rapport à l'oral, tout écrit étant la transposition d'une communication orale (effective ou hypothétique) et s'analysant, linguistiquement, comme un processus de transformation du discours avec explicitation du « hic et nunc » et du supra-segmental (intonation, gestes, mimiques, etc.).

Ces analyses ont eu l'avantage de décrire l'écrit de façon plus fonctionnelle et d'en justifier l'existence. C'est à partir de telles hypothèses qu'ont pu être développées des pédagogies d'initiation à l'expression écrite (1) qui visaient à faire acquérir par les apprenants un second code de communication, en opposition donc avec le code oral.

Si toutefois on examine un peu plus près une telle définition, on s'aperçoit très rapidement qu'elle s'applique à un écrit conçu uniquement comme *lettre, message, note, télégramme*, etc. (ce qui recouvre certes un champ relativement

---

(1) Cf. notamment les dossiers *Initiation à l'expression écrite* (1ère et 2e parties) CREDIF, Paris, Didier, 1973 - Lire aussi Sophie MOIRAND *Communication écrite et apprentissage initial* in *Le Français dans le Monde* n° 133, nov. déc. 1977.

étendu d'utilisation de l'écrit). Mais que dire alors du roman (est-il le substitut d'une communication orale), de l'article de journal ou de revue scientifique, du manuel ?

2. Les rapports d'interlocution

Il faut en effet admettre que certains écrits :

— ne correspondent pas forcément à une communication orale en face à face ;

— ne s'adressent pas à un interlocuteur particulier ;

— n'appellent pas de réponse immédiate ou même n'en attendent pas du tout.

Tel est le cas, par exemple, de l' « écrivain » au sens où Barthes utilise ce terme, qui n'attend pas du lecteur une réponse à son roman ou à son poème. (On pourra toujours citer le cas de tel écrivain entretenant avec quelques lecteurs une correspondance particulière, Flaubert avec Louise Colet ou Maxime Du Camp par exemple, mais on notera qu'il y aura échange de lettres *à propos de* telle œuvre, mais qu'on ne saurait assimiler *Madame Bovary* ou *l'Education sentimentale* à un message, parmi d'autres lettres, adressé à Louise Colet ou Maxime Du Camp. Ce serait du moins en réduire singulièrement la portée et la signification.)

Il y a bien, dans tous les cas, intention de communiquer et en cela la définition écrit = communication reste toujours valable. Mais il faut aussi, pour essayer de mieux saisir la nature de l'écrit, faire intervenir deux autres paramètres :

— l'intensité du rapport d'interlocution - émetteur/récepteur -

— le degré de validité du message selon le moment de sa réception.

Il est en effet particulièrement important de bien faire la différence entre les écrits qui établissent entre deux locuteurs nettement déterminés une relation à valeur pragmatique (lettre de demande..., message fixant un rendez-vous, etc.) et des écrits où le lecteur n'est plus défini comme personne, mais comme élément indifférencié d'une communauté (étudiant lecteur d'un cours polycopié par exemple) sans que soit établie entre le scripteur et le lecteur une relation personnelle forte, ni que soit attendue une réponse immédiate, réponse étant ici entendu au sens très large du terme, un geste, une action pouvant être considérés comme des réponses à un texte.

On n'écrira pas de la même manière selon que l'on s'adresse à un individu nettement déterminé ou à un ensemble de lecteurs, selon que l'on attend une réponse en retour ou que l'on n'en attend pas et inversement, on ne lira pas de la même manière une lettre qui vous est destinée personnellement et une circulaire adressée au personnel de l'entreprise dont vous faites partie, un message qui nécessite une réponse immédiate et un message qui ne fait qu'apporter des éléments d'information que vous serez libre d'exploiter ou non.

La communication écrite s'inscrit ici dans un système de relations beaucoup plus souples, beaucoup moins contraignantes que celles établies dans une communication orale en face à face. Elle ne s'y substitue pas forcément, elle est un autre mode de communication, autonome, original, une création, non une transformation.

3. Les délais de réception

Autre élément de caractérisation et de différenciation des messages écrits, le délai de validité du message.

Il faut en effet distinguer les messages délibérement conçus pour être lus à un moment donné et dans un intervalle de temps nettement délimité. Si j'écris par exemple un petit billet et que je fixe sur ma porte : « Je reviens dans dix minutes », ce message n'a de sens, de valeur que durant ces dix minutes-là. Au-delà, c'est-à-dire dès mon retour, je dois impérativement le faire disparaître, sous peine d'engendrer des malentendus. De la même manière, si j'écris une lettre, je le fais en sachant qu'elle sera reçue dans les jours ou la semaine qui suit et il est évident que je modifierai mon message selon qu'il doit pouvoir être lu dans la minute qui suit, le jour, la semaine, le mois, l'année, etc. Il existe donc une sorte d'échelle ascendante qui permettra de classer les messages écrits, depuis ceux qui ont une vie très brève (le billet fixé sur ma porte) jusqu'à ceux qui peuvent être lus hors de toutes limites dans le temps.

On pourra donc, très grossièrement, distinguer trois grandes catégories de messages :

— *Messages s'adressant à un interlocuteur, durée de validité brève.*

On fera entrer dans cette catégorie les lettres, billets, messages, télégrammes, notes de services, à valeur prescriptive forte, nettement situés dans le temps et dans l'espace. Le message écrit, dans ce cas, peut effectivement se définir comme un substitut d'une communication orale qui, pour une raison ou une autre, n'a pu être possible.

— *Messages s'adressant à une communauté de lecteurs, durée de validité moyenne.*

On pourra considérer ici l'ensemble des textes de presse, tenant compte là aussi du fait qu'ils paraissent soit dans un quotidien, soit dans un hebdomadaire, dans une revue mensuelle, trimestrielle, etc. Il est évident que l'on n'écrira pas le même texte, même s'il s'agit du même référent, selon qu'il apparaîtra dans un quotidien ou un hebdomadaire. La part de l'événementiel ne sera pas la même. L'attente du lecteur ne sera pas non plus identique (1).
Ce sera aussi le domaine de l'ensemble des ouvrages didactiques, des ouvrages de réflexion dont le délai de validité va de quelques mois à plusieurs années. Certains vont même bien au-delà. Songeons par exemple à l'*Histoire de l'Art*

(1) Voir plus loin, p. 85.

d'Elie Faure, dont les premiers éléments parurent en 1909 et qui reste encore tout à fait lisible, aux travaux de Propp, parus au lendemain de la Première Guerre mondiale, phénomène qui vaut d'ailleurs surtout pour les sciences humaines, l'information se périmant beaucoup plus vite en sciences exactes.

Ces données ne seront pas sans incidence sur la réalisation linguistique du message et, de la même manière, le regard projeté sur le texte ne sera pas identique selon l'épaisseur de temps qui séparera le lecteur du moment d'émission du message.

— *Messages s'adressant à une communauté de lecteurs, durée de validité illimitée.*

Ce sera ici le domaine des textes littéraires, des textes juridiques, de certains énoncés scientifiques (lois), des textes mythiques, des textes sacrés, c'est-à-dire de messages construits de telle sorte qu'ils puissent être reçus quelle que soit l'importance du délai qui sépare le moment de leur élaboration de celui de leur lecture, des textes bénéficiant d'un fort degré d'ouverture sémantique. S'il fallait les classer entre eux, il faudrait d'abord considérer les textes juridiques et scientifiques, valides aussi longtemps que n'ont pas été promulgués de nouveaux réglements ou découvertes de nouvelles lois scientifiques dotées d'un pouvoir explicatif plus fort, puis les textes littéraires qui transcendent les époques, les modes, et restent lisibles en dehors de leur environnement intial, enfin, on pourrait placer sur le même plan les textes sacrés et les textes mythiques, dont la permanence défie le temps, c'est-à-dire les textes qui manifestent le plus fort degré d'autonomie par rapport au langage, les textes susceptibles de transformations et de traitements multiples, sans voir, à aucun moment, diminuer leur charge sémantique, ce qui fait écrire à Claude Lévi-Strauss : « On pourrait définir le mythe comme ce mode du discours où la valeur de la formule traduttore, traditore tend pratiquement à zéro. A cet égard, la place du mythe, sur l'échelle des modes d'expression linguistique, est à l'opposé de la poésie, quoi qu'on ait pu dire pour les rapprocher. La poésie est une forme de langage extrêmement difficile à traduire dans une langue étrangère, et toute traduction entraîne de multiples déformations. Au contraire, la valeur du mythe comme mythe persiste en dépit de la pire traduction. Quelle que soit notre ignorance de la langue et de la culture de la population où on l'a recueilli, un mythe est aperçu comme mythe par tout lecteur dans le monde entier. La substance du mythe ne se trouve ni dans le style, ni dans le mode de narration, ni dans la syntaxe, mais dans l'*histoire* qui y est racontée. Le mythe est langage, mais un langage qui travaille à un niveau très élevé, et où le sens parvient, si l'on peut dire, à *décoller* du fondement linguistique sur lequel il a commencé par rouler. » (1) Ils acquièrent ainsi cette ouverture sémantique qui leur permet d'accueillir toutes les interprétations.

(1) Claude LEVI-STRAUSS *Magie et religion* in *Anthropologie structurale*, Ed. Plon cité par Philippe HAMON *Texte littéraire et métalangage*, Poétique n° 31.

	1 lecteur	plusieurs lecteurs
validité brève	— lettre — billet — télégramme	— note de service — article de quotidien — bulletin météo etc.
validité moyenne		— textes de presse (hebdo., mensuels, etc.) — ouvrages de réflexion — ouvrages didactiques etc.
validité longue / illimitée		— énoncés scientifiques (lois) — textes juridiques — textes littéraires — textes sacrés/mythiques

On constatera que les textes qui s'adressent à une seule personne sont généralement ceux dont le degré de validité dans le temps est le plus faible. C'est bien normal. S'adresser à une personne en particulier, c'est insérer l'acte de communication dans un cadre spatio-temporel nettement déterminé, dont les données sont en constantes modifications. Dans la mesure où le message intègre une part importante de ces données, souvent placées à l'implicite, il est normal qu'au-delà d'un laps de temps souvent fort bref, le message devienne incompréhensible. Que veut dire par exemple : « Passe demain chez moi pour qu'on puisse régler définitivement la situation » pour celui qui n'est pas le destinataire de ce message ?

Sans prétendre tirer systématiquement une pédagogie d'une typologie des textes, on pourrait cependant essayer déjà de réfléchir à un ordre de présentation des textes aux élèves. Pourquoi ne pas envisager par exemple une progression qui partirait des textes fortement contextualisés, c'est-à-dire des textes où, à partir d'indices spatio-temporels et de la connaissance du rapport d'interlocution, il est aisé d'inférer un sens, et qui aboutirait à des textes de plus en plus décontextualisés, c'est-à-dire à des textes où l'activité du lecteur est maximale, dans la mesure où c'est à lui de projeter un sens, de donner une interprétation à ce qui n'est plus, à la limite, qu'une structure vide ? L'effort serait ainsi progressif et aiderait l'élève à développer des stratégies de lecture de plus en plus complexes, à partir d'indices de plus en plus ténus. Il apprendrait ainsi à évoluer de façon plus libre et plus assurée dans un champ d'interprétation de plus en plus vaste, sans qu'il s'agisse pour autant d'une exploration désordonnée et aléatoire.

LA LECTURE : UNE PRATIQUE HISTORIQUE

Les modes de lecture actuels sont à ce point intégrés qu'il semble en avoir été ainsi de toute éternité. Or, un bref examen de ce que fut la pratique de la lecture à travers les siècles ainsi que de ses différentes significations, nous conduit à constater que le geste machinal qui consiste à feuilleter un livre ou une revue et à en parcourir les pages des yeux est en réalité le terme d'une démarche intellectuelle assortie d'une conduite perceptive spécifique qui mit des siècles à se constituer (1).

1. LA LECTURE ANTIQUE

Si l'on s'en tient à l'époque romaine - il n'entre pas dans notre propos en effet d'entreprendre une histoire de la lecture sous l'Antiquité, sujet passionnant certes, mais hors des limites de notre projet immédiat - on ne peut manquer d'être frappé d'abord par le caractère paradoxalement « oral » de la lecture (Grimal, 1964). Les lectures publiques, « recitations », sont fréquentes, qu'elles soient organisées à l'intérieur d'un cercle privé - lecture d'une première œuvre par son auteur au domicile d'un riche patricien, coutume qui se prolongera d'ailleurs dans les salons littéraires parisiens jusqu'au début du XXème siècle -, ou chez un libraire qui trouve ainsi un moyen commode de faire connaître les « nouveautés » du moment. Il était habituel, d'autre part, de recourir aux services d'un lecteur pour pallier les inconvénients que présentait le maniement d'un rouleau de parchemin sur lequel figurait le texte, généralement écrit sur deux colonnes. Lire consistait à rouler et dérouler le parchemin, ce qui n'autorisait jamais qu'une vue partielle du texte. Le contact avec le texte n'était donc pas un contact visuel avec une écriture, mais, le plus souvent, l'audition d'une parole.

(1) On voudra bien excuser le caractère forcément superficiel des lignes qui vont suivre. Traiter en quelques pages d'une évolution qui relève à la fois de l'histoire des mentalités, de l'histoire de l'éducation et du devenir des sociétés est pour le moins hasardeux. En dehors des références citées, on pourra, pour une meilleure information consulter : R. Chartier, MM. Compère, D. Julia *L'éducation en France du XVIème au XVIIIème siècle*, Paris, S.E.D.E.S. 1976 - W. Frijhoff, D. Julia - *Ecole et société dans la France d'Ancien Régime*, Paris, Armand Colin, 1976 - F. Furet, J. Ozouf Lire et écrire - *L'alphabétisation des Français (XVIIème, XIXème siècles)* Paris, éd. de Minuit (2 vol.), 1977 - K.A. - Lockridge *Literacy in colonial New-England : an inquiry into the social context of literacy in the early modern West,* New York, 1974.

La lecture silencieuse n'apparaîtra vraiment, comme le signale fort pertinemment Henri Marrou, qu'avec le remplacement du rouleau de parchemin (enfermé dans un cylindre volumen) par le livre tel qu'il est encore utilisé aujourd'hui (codex), c'est-à-dire une suite de feuillets rassemblés en cahiers et cousus (Marrou, 1977) et cela à l'époque de l'Antiquité Tardive (IIIème - IVème siècle). La facilité de maniement, la possibilité d'avoir du texte une perception synthétique, en le feuilletant, autorisera la pratique de la lecture silencieuse et rendra le recours à un lecteur de moins en moins nécessaire.

Mais la pratique de la lecture allait, pour de nombreux siècles, être irrémédiablement marquée par l'apparition et la diffusion des religions du Livre (Judaïsme d'abord, puis Christianisme et enfin Islam), c'est-à-dire de religions savantes, qui ne se concevaient plus comme un système plus ou moins homogène de rites lentement élaborés, de cultes progressivement rassemblés, constamment remodelés - ainsi que l'était par exemple le paganisme romain -, mais comme un corps de doctrines rigoureusement définies et consignées dans les Livres Sacrés (Talmud, Bible, Coran ...), auxquels il serait par la suite fait constamment référence. De telles religions exigent un clergé lettré, cultivé, même sommairement, puisqu'il doit pouvoir lire les Livres Saints, les textes de la liturgie, les recueils de décisions conciliaires et même des éléments de droit canon. Henri Marrou rapporte (op. cit.) ainsi les décisions prises en 529 par le concile de Vaison, dans lesquelles il est prescrit aux prêtres chargés de paroisse : « de recevoir chez eux en qualité de lecteur quelques jeunes gens afin de les élever chrétiennement, de leur apprendre les psaumes et les leçons de l'Ecriture, ainsi que toute la Loi du Seigneur, de façon à pouvoir se préparer ainsi de dignes successeurs ». D'où la création d'écoles paroissiales, expression de la volonté de christianisation des campagnes, plus tard de l'Université, lieu de formation du clergé. Pour de longs siècles, l'effort de lecture allait se porter sur le déchiffrement de la parole de Dieu, son exégèse, son commentaire.

2. LIRE LA PAROLE DE DIEU

L'image que l'on se fait de l'alphabétisation et de ses conséquences est encore profondément marquée par toute la littérature républicaine et anticléricale, qui s'est développée au moment de l'institution de l'école laïque obligatoire en France, au début de la IIIème République, lorsqu'il fut décidé de franchir la dernière étape, c'est-à-dire de parvenir à une alphabétisation généralisée. Lire devenait une sorte d'acte révolutionnaire, par lequel l'individu tentait de s'affranchir définitivement des ténèbres de l'ignorance dans lesquelles l'Eglise voulait l'enfermer, pour accéder enfin à l'univers radieux de la Connaissance. Cette image du progrès de l'esprit, très naïve et très idéalisée, nous sommes évidemment tentés, par une sorte de vision téléologique, de l'appliquer aux siècles passés, comme si, à toutes les époques, lire avait toujours conservé la même signification, avait répondu aux mêmes besoins et devait fatalement aboutir à la situation présente. Qu'en était-il exactement ?

On retiendra en premier lieu, et c'est là un fait majeur, que l'Eglise a joué un rôle essentiel dans l'apprentissage de la lecture. On apprenait à lire pour lire - d'abord et quasi exclusivement - la parole de Dieu.

En fait, durant le Moyen Age, seule une minorité de clercs aura accès aux Livres Saints. Nous évoluons en effet dans le cadre d'une société à alphabétisation restreinte, et cela d'autant plus que l'Ecrit de la Bible ou des Evangiles n'est pas rédigé en langue vulgaire, celle que tout le monde parle, mais en latin. Ainsi l'écrit n'est pas seulement un code différent, il est aussi une langue différente. Entre le texte sacré et les masses ignorantes s'interpose un clergé chargé de lire, transmettre et commenter la parole divine : « Rare, fragile, confidentiel, (l'écrit) est inséparable, même chez ceux qui savent, des services complémentaires de la mémoire et de l'éloquence. C'est que la domination de l'écrit n'est pas encore celle de la rationalité administrative - qui est dans les limbes - mais celle du sacré, qui appelle l'émotion, collective, la transmission impersonnelle et concrète du message, la contamination du lire par le commentaire ou la litanie, les voix ou le murmure des hommes ». (Furet, Ouzof, 1977 Ed. de Minuit). Signalons aussi qu'une grande partie des textes littéraires de l'époque est elle-même produite à des fins de consommation auditive (poèmes, chants, romans...) et diffusée oralement. « Epoque d'écriture rare, chère, aux techniques compliquées » (Zumthor, 1977), le Moyen Age est aussi celle d'une lecture non moins rare, difficile, centrée quasi exclusivement sur le sacré (1).

Il en sera encore longtemps ainsi. A partir du XVIème siècle, sous l'effet notamment de la concurrence des Eglises, on assiste à une diffusion plus large de l'alphabétisation, chez les protestants encore plus nettement que chez les catholiques (K. Lockridge, 1977), les sociétés protestantes de l'Europe du Nord et d'Amérique connurent très tôt des taux élevés d'alphabétisation. Mais, dans les deux cas, l'objectif reste identique : assurer au plus grand nombre l'accès au texte de la Bible, des Evangiles, ainsi qu'à tous les ouvrages de piété. Il est signifi-catif de voir l'Eglise, à la suite de la Contre-Réforme, développer un réseau consi-dérable d'écoles et de collèges. De la même manière, on assiste en France à une grande vague de scolarisation, entre 1685 et 1720, à la suite de la Révocation de l'Edit de Nantes (Le Roy Ladurie, 1975). Il s'agissait moins alors d'éclairer les esprits que de les reprendre en main.

On voit bien alors que, dans une telle perspective, l'alphabétisation n'est pas

---

(1) A titre d'exemple, citons le cas du cardinal de Beauvais, Jean de Dormans, qui, en 1373, possédait 134 manuscrits, du duc de Berry qui, au XVème siècle, possédait 297 manuscrits, de Nicolas de Baye, conseiller au Parlement qui, en 1419 en possédait 198. Une centaine de livres, dans une bibliothèque privée, c'était beaucoup (Autrand, 1973). Rappelons encore qu'à Paris, au XVIème siècle, on éditait en moyenne 165 ouvrages par an, que 75 % des titres publiés l'étaient en latin et que 40 à 45 % d'entre eux étaient des livres religieux. Lire est un privilège réservé à une minorité, un acte solennel. Le choix des titres généralement retenu dans les bibliothèques de l'époque l'atteste.

forcément inductrice de comportements novateurs et « révolutionnaires », qu'elle peut tout aussi bien contribuer à figer, momentanément du moins, les mentalités qu'à les faire évoluer. On notera qu'en pays protestants, le souci de donner la possibilité de lire en partage à la communauté des fidèles est plus marqué qu'en pays catholiques, mais que, de toutes les manières, le rapport qui s'établit entre le texte et le lecteur est pour ce dernier un rapport de dépendance, de pure réception, qui n'a d'autre fin qu'une imprégnation plus profonde de l'individu par le message de la foi. Nous sommes loin encore des modes de lecture modernes (1).

On pourra cependant nuancer ce tableau en rappelant que l'écrit joua aussi un rôle non négligeable comme support de la tradition juridique. Le personnage du tabellion ou du notaire est constamment resté présent dans la société occidentale, même aux pires heures de son histoire, pour tout ce qui était établissement d'actes de vente, de donation, etc. Les souverains barbares eux-mêmes ressentirent la nécessité de se référer à un droit écrit directement emprunté aux codes impériaux. On compila ainsi un nombre considérable de textes juridiques qui constituèrent des recueils de formules à l'usage des hommes de loi. D'autre part, dès l'époque carolingienne, existaient dans les évêchés et dans les abbayes des « scriptoria » (Fourquin, 1975) où furent recopiés les manuscrits latins - œuvres littéraires et ouvrages d'agronomie. Support fragile de l'écrit, l'activité juridique joua ainsi un rôle non négligeable dans le maintien d'une culture lettrée, à un degré moindre cependant que l'Eglise.

3. LA LECTURE FONCTIONNELLE

Toutefois, parallèlement à cette lecture aux finalités sacrées évidentes, va progressivement s'instaurer, sous l'effet d'une demande sociale de plus en plus forte, émanant essentiellement des campagnes les plus riches, Bocage normand, Champagne ... , un autre type de lecture que, faute d'un terme plus adéquat, nous appellerons « lecture fonctionnelle ».

Entre le XVIème siècle et le début du XIXème siècle, l'Europe allait connaître une évolution considérable - multiplication des échanges commerciaux, densification de la population, complexité croissante des échanges sociaux avec, en corollaire, une codification plus stricte des rapports humains, rationalisation et développement de la vie administrative au fur et à mesure du renforcement des États..., toutes données qui allaient rendre impérative la maîtrise de l'écrit, au moins dans sa forme lue.

(1) Bien évidemment, on ne saurait réduire la lecture durant toute cette période (Moyen Age, monde pré-moderne et moderne) à ce seul aspect. Des individus ont su se constituer des bibliothèques - la fameuse librairie de Montaigne, par exemple - à des fins de lecture purement personnelles, adoptant ainsi à l'égard des textes un comportement de lecture très moderne. Mais il s'agit là de cas individuels, non significatifs d'un comportement de masse qui, seul, nous intéresse ici.

Ainsi, à des motivations exclusivement religieuses vont progressivement se substituer des motivations économiques. Savoir lire permettra de signer, en toute connaissance de cause, les mille et un actes notariés qui jalonnent la vie familiale sous l'Ancien Régime, d'accéder à des ouvrages de vulgarisation scientifique et technique (à commencer par les fameux Almanachs ou les ouvrages de la Bibliothèque Bleue, première source de documentation, même rudimentaire, mise entre les mains du peuple et fort répandue dans les campagnes, aux nombreux traités d'agronomie qui connaîtront, au XVIIIème siècle, grâce aux Physiocrates, un succès considérable), de lire et de rédiger le livre de compte, ce qui permettra à plus d'un laboureur de devenir receveur seigneurial (Le Roy Ladurie, op. cit.), de lire et de rédiger les contrats que le développement rapide du négoce rend indispensables et même, n'est-ce pas tout aussi important, de rédiger un billet amoureux, en un mot de mieux évoluer au sein d'une société au fonctionnement de jour en jour plus complexe.

L'enseignement populaire qui, tout au long de l'Ancien Régime et après encore, répondait à des motivations éthico-religieuses évidentes, va insensiblement se transformer de l'intérieur, sous la pression d'une demande manifestement plus utilitaire (on ira à l'école bien moins pour sauver son âme que pour apprendre à lire un bail), qui trouvera son couronnement dans l'instauration de l'école laïque obligatoire en 1882, l'Etat prenant le relais de l'Eglise dans le souci d'intégrer définitivement le citoyen à la république nouvelle et à la société industrielle.

4. LA LECTURE PERSONNELLE

Le passage du sacré au laïque, de l'éthique au fonctionnel, sans être véritablement révolutionnaire dans ses implications a cependant eu pour conséquence de mettre en circulation un savoir nouveau, expression du premier désir d'émancipation des individus.

Mais aussi longtemps que ne sont pas redéfinis les rapports de l'écriture et de la lecture, l'individu reste encore soumis aux contraintes du groupe. En effet : « Apprise d'abord en latin, à l'école, à l'Eglise, en famille, la lecture ne se distingue que très lentement de la mémorisation ; quand elle n'est pas jointe à la maîtrise de l'écriture, elle est la mnémotechnie d'un dessin plus que le déchiffrement d'un texte. Elle ne change pas le rapport de l'individu à la culture, elle le confirme. En termes moraux, elle est innocente. Elle se borne à la réception, le plus souvent collective, c'est-à-dire publique, du message divin. Elle n'implique ni autonomie individuelle, ni exercice obligatoire d'une liberté intellectuelle minimale, ni commencement de rupture intérieure avec les contraintes de la communauté. Ecrire, c'est pouvoir communiquer en secret, d'individu à individu. Lire seulement n'est qu'une activité passive : recevoir le message ne donne pas vraiment accès au circuit de la nouvelle culture ». (Furet, Ozouf, op. cit.) Remarquons à ce propos que la lecture restait dans bien des cas *orale* et *collective*.

Les personnes se réunissaient à l'occasion de veillées. L'une d'entre elles lisait à voix haute un livre pieux, que l'assemblée commentait, paraphrasait, amplifiait. Nulle possibilité, on le voit, d'intérioriser, de s'approprier le texte à des fins de consommation purement personnelle. Il y avait des « lisants », plus nombreux encore des « auditeurs de lisants », peu de lecteurs en vérité.

C'est en effet au contact de la pratique de l'écriture que la lecture va prendre une signification nouvelle. C'est par l'écriture que l'individu découvrit la possibilité de communiquer librement, personnellement, hors d'un quelconque contrôle collectif. Or, pendant fort longtemps, l'enseignement de l'écriture et de la lecture furent dissociés au point que parfois ils n'étaient pas dispensés dans les mêmes écoles. L'apprentissage se faisait en plusieurs stages séparés - lire d'abord, puis écrire, et enfin compter - et beaucoup d'élèves quittaient l'école avant d'avoir parcouru la totalité du cycle. Ce n'est qu'au milieu du XIXème siècle que lire et écrire seront enseignés simultanément, révélant ainsi à l'individu la possibilité d'user de la lecture comme de l'écriture, c'est-à-dire comme d'une instrument personnel de communication.

Lire, ce ne sera plus alors recevoir passivement le message de la Foi, ce sera interpréter les messages à l'intérieur d'un espace mental que s'est progressivement constitué l'individu et par lequel il échappe à la pression de la communauté et acquiert insensiblement le statut de personne.

Pouvoir lire, au fil des siècles, est devenu l'effort continu de l'homme pour échapper au cercle restreint du groupe auquel il appartient, pour accéder progressivement à une communauté intellectuelle et culturelle plus dispersée, mais plus étendue, plus ouverte, disposant ainsi de nouvelles sources d'information, relativisant et par-là même dévaluant le savoir des anciens et la force de la coutume. Lire permettra d'accéder au général, de passer de la coutume à la loi, du fait d'expérience à la théorie, à la règle, de parvenir à la fois à un degré supérieur de connaissance, d'abstraction .et en même temps de conscience de soi.

Cet aspect du lire est en fait étroitement lié à l'histoire de l'individualisme. Il faut en effet que le lecteur se perçoive comme individu différent, unique, autonome, pour établir avec le texte un type nouveau de rapports qui engendreront de nouvelles attitudes, de nouveaux comportements.

On comprendra mieux ainsi l'attitude ambiguë de bien des États modernes à l'égard du problème de l'alphabétisation et de la lecture, rendues indispensables d'une part par suite des complications nées de la modernisation des sociétés, mais en même temps redoutables, parce que si elles permettaient de lire le texte de la Loi, que nul n'est censé ignorer, elle apprenait aussi à lire son contraire ; le Code Civil mais aussi les utopies de Fourier, ou les démonstrations menaçantes de Marx, le mode d'emploi des machines, le règlement intérieur de l'usine, mais aussi les tracts syndicaux. Soucieuse de produire des citoyens intégrés, l'école donne en même temps naissance à des individus différents, autonomes, rebelles en puissance. C'est dans cette contradiction fondamentale que gît peut-être le secret des tensions que connaissent actuellement tous les systèmes éducatifs dans le monde.

On notera aussi deux points :

— La motivation fonctionnelle à la lecture reste pour l'instant ignorée dans notre système actuel d'enseignement. Les textes que l'on offre à lire aux élèves et qui servent d'apprentissage à la lecture sont d'origine littéraire dans leur quasi-totalité. Il n'est pas question d'apprendre à lire un contrat d'embauche, un contrat d'assurance ou un règlement de copropriété. Rien n'est prévu non plus pour apprendre à lire les différents types de textes administratifs et juridiques qui régissent la vie de tous les jours et dont la rédaction se fait chaque année plus complexe, rien concernant la lecture des textes scientifiques et techniques (manuels, revues, traités ...) etc., comme si l'institution enseignante reculait devant la trivialité de tels objectifs. Le journal et la bande dessinée font certes une timide apparition dans les classes ainsi que les textes publicitaires, mais il est à craindre qu'ils donnent lieu à des exercices analogues à ceux de l'explication de texte traditionnelle, l'institution récupérant ainsi à son profit, du moins le croit-elle, de nouveaux objets de lecture. Seuls les secteurs parallèles d'enseignement (formation continue, cours du soir ...) s'intéressent à ce type d'apprentissage, ainsi que les programmes de français langue étrangère.

— Corollairement, c'est dans le domaine de la lecture personnelle que l'école fait porter l'essentiel de son effort, sans grand succès semble-t-il, puisqu'il apparaît que si tous les Français sont aujourd'hui alphabétisés, 50 % d'entre eux ne lisent à peu près rien, si ce n'est les panneaux indicateurs, les enseignes, les messages publicitaires ou les grands titres de la presse, en quelque sorte le S.M.I.C. de lecture dans la société contemporaine. Quant aux chiffres de tirage des journaux et des livres, ils n'incitent guère non plus à l'optimisme, non qu'il y ait recul absolu par rapport aux époques précédentes, mais par le décalage évident existant entre la masse potentielle des lecteurs formés à l'école et leur nombre effectif. Peut-on fonder de façon quasi-exclusive un enseignement sur l'élaboration d'un comportement extrêmement complexe - la lecture individuelle - et ignorer les autres motivations ? La question mérite examen.

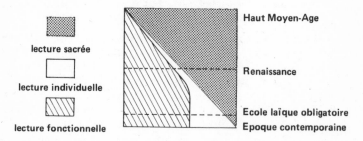

Evolution des différents domaines de la lecture, du Haut Moyen Age à l'époque contemporaine (en données relatives)

Quelles conclusions peut-on alors tirer au terme de ce bref parcours historique (résumé dans le schéma ci-contre) ?

Tout d'abord, un fait à valeur générale. La rareté de l'acte de lire dans les sociétés à alphabétisation restreinte en fonde la solennité. Quand on lit peu, difficilement, on ne lit pas n'importe quoi. Seuls seront lus les textes considérés comme essentiels par la « tribu sociale ». Aujourd'hui, en revanche, par sa banalité même, l'acte de lire s'applique à toutes sortes d'objets textuels et ne détermine pas chez le lecteur le même retentissement. Comme le notait Jean Fourastié, les nouvelles écrites autrefois étaient rares et longuement commentées. Aujourd'hui, leur flot s'est considérablement grossi. Le temps du commentaire, de la réflexion, s'est considérablement amenuisé.

Deuxième point, l'acte de lire, en apparence le plus personnel et par là même le plus libre et le plus volontaire dans sa conduite qui soit, est en fait l'objet de surdéterminations qui réduisent souvent à peu de choses la part de libre initiative du lecteur.

Toute rencontre du lecteur avec le texte s'inscrit dans un moment historique et dans un espace culturel donnés. La lecture silencieuse, intérieure, individuelle est tout autant le produit de déterminations sociales et historiques que l'issue d'un combat individuel, mais en aucun cas ne saurait être considérée comme l'expression d'une aptitude innée. Elle ne saurait apparaître n'importe où, n'importe quand. Il existe des milieux porteurs dans lesquels il est facile de la mettre en œuvre. Mais il existe tout aussi bien des environnements défavorables. La lecture personnelle, c'est un silence qui soudain se fait en l'homme, un espace intérieur privé qui se constitue. Mais il est encore des civilisations qui ignorent la notion d'individu. Il est des milieux sociaux qui, par le conditionnement des mass média, sont formés en réalité par une collection d'individus mal différenciés. Il ne suffira pas alors de confronter l'enfant au texte pour que soudain le miracle d'une lecture intérieure s'opère. Ce ne peut être que le terme d'un long parcours d'apprentissage, le résultat d'une sensibilisation progressive. A ignorer ces données, on en viendra, comme c'est fréquent hélas, à porter des jugements sans appel : untel sait lire, tel autre ne sait pas, comme si chacun était maître de son propre comportement à l'égard des textes, comme s'il s'agissait là d'une aptitude accordée au départ à tous.

L'Histoire nous l'apprend : il n'y a rien de naturel dans l'acte de lire.

LA CONDUITE DE LECTURE

Définir le texte, ainsi que nous avons essayé de le faire, comme un instrument de communication entre les hommes signifie qu'il y a un contenu de sens à faire passer, *un message à transmettre.* La transmission du message va se faire à l'aide de *signaux* qui assument une double fonction : transmettre le sens et signaler l'intention de communiquer. Comme le précise Luis Prieto : « Pour que la transmission du message que l'émetteur essaie de transmettre ait effectivement lieu, c'est-à-dire pour que le but qu'il se propose en déclenchant l'acte sémique soit atteint, il est nécessaire d'une part que le récepteur se rende compte du propos qu'a l'émetteur de lui transmettre un message déterminé, et d'autre part qu'il identifie quel est ce message déterminé. » (Prieto, 1966), ce que définit de manière identique Yvette Lucas (1974) : « Le signal est un indice « conventionnel », c'est-à-dire reconnu comme tel par le récepteur. C'est un indice produit volontairement par l'émetteur pour manifester son intention de communiquer au récepteur. »

Recevoir un message, et c'est ce à quoi correspond la lecture d'un texte, va donc poser le problème de la perception de ces signaux. Comment le lecteur va-t-il les traiter ? Autrement dit, quelle est la conduite perceptive mise en œuvre en présence du champ à explorer qu'est le texte ?

Toutes ces questions vont en fait nous amener à considérer deux types de problèmes :

— les problèmes relatifs à la perception visuelle proprement dite ;
— les problèmes se rapportant à la réception et au traitement du signal par le lecteur.

1. La perception visuelle : les mouvements de l'œil

Si l'herméneutique est une discipline quasiment aussi ancienne que l'écriture elle-même, l'étude scientifique de la perception visuelle des textes est beaucoup plus récente et c'est en 1879 seulement que parurent en France avec Javal et Lamarre les premiers travaux portant sur le processus de perception visuelle (1).

Depuis, et notamment grâce à la diffusion des techniques de lecture rapide ainsi qu'aux nombreuses recherches menées en ergonomie et en psychologie expérimentale, les problèmes de perception visuelle associés à l'étude des mouvements de l'œil nous sont désormais plus familiers.

(1) On trouvera un exposé complet de la question dans l'ouvrage de François RICHAUDEAU *La lisibilité* Paris, éd. Retz-C.E.L.P., 1969.

Parmi les idées reçues qui se rapportent à la lecture, une des plus répandues se rapporte au caractère prétendument linéaire de l'acte de lecture. Lire consisterait à balayer de l'œil les lignes du texte selon un mouvement uniformément continu de gauche à droite, qui permettrait, au fur et à mesure de la perception des lettres, de les associer en syllabes, de regrouper ces dernières en mots qui, dans leur succession, constitueraient la phrase ainsi reconnue, qui elle-même, etc.

Le système d'apprentissage de la lecture qui fut longtemps en vigueur dans les écoles primaires — B.A. = BA — n'est certainement pas étranger à cela et a pour une large part conditionné la pédagogie de la lecture, jusque dans les plus grandes classes, puisque l'on n'hésitait pas à parler d'explication : « au fil du texte », « dans le mouvement du texte », « dans la continuité du texte ».

La réalité de la lecture est en fait très différente. L'exploration perceptive du texte procède de la succession de différents mouvements oculaires que l'on peut très brièvement définir ainsi :

— *des mouvements de progression,* séparés par des fixations ou pauses, durant lesquels le regard se déplace et localise les futurs points de fixation. Ces mouvements de pivotement, de gauche à droite dans l'écriture latine, sont d'une durée très brève, 1/40e de seconde en général ;

— *des mouvements de fixation* durant lesquels l'œil s'immobilise et qui constituent les moments de perception dits - d'une durée approximative de 1/4 à 1/3 de seconde. L'œil perçoit *simultanément* un certain nombre de mots, variable selon les individus ; la largeur du champ visuel définissant ainsi la qualité du lecteur, rapide ou lent ;

— *des mouvements de régression,* qui se manifestent soit chez le lecteur malhabile, soit lors de la lecture de textes difficiles. L'œil dans ce cas revient en arrière, dans un mouvement de droite à gauche, pour revoir un ou plusieurs éléments insuffisamment appréhendés.

Des études entreprises dans de multiples domaines culturels prouvent qu'il s'agit là d'un comportement universel (Mialaret, 1965). Les graphiques de lecture présentés ci-dessous caractérisent assez bien les différents types de mouvements oculaires.

Il ressort de ces différents points que :

— la lecture n'est pas un balayage continu du texte par l'œil, mais une succession de mouvements saccadés, séparés par des fixations, une successtion de clichés pris à intervalle régulier sur différents points de la surface du texte, mais d'amplitude différente selon les lecteurs ;

— la vitesse de lecture ne se définit pas par une moindre durée des temps de pause, ils sont à peu près identiques chez tous les lecteurs. En revanche, le lecteur rapide sera celui qui, lors des mouvements de fixation, couvre un nombre plus élevés de mots (un à deux mots pour un lecteur lent, une dizaine de mots pour

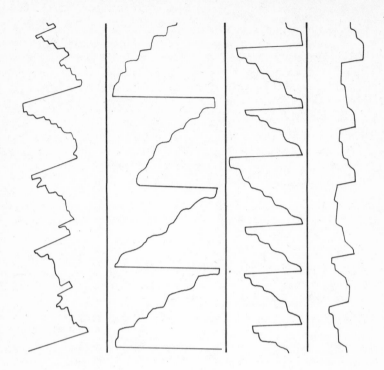

Graphiques de lecture

Ils ont été obtenus à partir des analyses cinématographiques des mouvements oculaires de lecture, transférées sur un tambour à stylet. Les traits horizontaux de grande amplitude, orientés de gauche à droite, traduisent les mouvements de l'œil passant d'une ligne à une autre. Les traits horizontaux de moindre amplitude correspondent à chacun des points de fixation.

1. Graphique des mouvements des yeux d'un lecteur lent ayant tendance à la dyslexie, ce défaut oblige à des retours en arrière visibles sur le tracé.

2. Graphique d'un lecteur lent mais régulier.

3. Graphique d'un lecteur assez rapide. Le nombre de points de fixation moyen par ligne est inférieur à ceux des graphiques 1 et 2.

4. Graphique d'un lecteur rapide, le nombre de points de fixation entre chaque ligne est encore plus réduit, de 2 à 3.

Extrait de : François Richaudeau et M. et F. Gauquelin *La lecture rapide* - éd. C.E.L.P. collec. Marabout Service, 1969, p. 32.

un lecteur rapide).

L'élargissement du champ de perception visuelle dans les moments de fixation sera ainsi l'objectif à atteindre dans les programmes de perfectionnement en lecture rapide.

2. La perception des signaux

Si l'on considère le texte comme une source continue de signaux, lire un texte, dans cette perspective, consistera à entreprendre une tâche exploratoire, à la recherche de signaux significatifs, selon un processus à trois temps :

— détection du signal ;
— identification ;
— interprétation (1).

— *Détecter un signal* revient à constater ou non son existence. L'erreur en ce cas est l'omission. Immédiatement va se poser un problème : « Comment le signal s'arrange-t-il pour permettre au récepteur de se rendre compte que l'émetteur se propose de lui transmettre un message ? La réponse est bien simple : le signal, du fait même qu'il est produit, indique au récepteur ce propos de l'émetteur. » (Prieto, op. cit. p. 10). La réponse est simple dans le cas où le signal apparaît isolément, dans une relation univoque avec le récepteur. Mais qu'en est-il lorsque le récepteur est confronté à une multitude de signaux, dotés chacun d'une signification ? Comment découvrir dans ce flux indifférencié (a priori du moins) qu'est le texte ou qu'est un texte parmi d'autres, celui qui s'adresse plus particulièrement au lecteur ? Il y aura détection possible si :

- le signal s'adresse explicitement au récepteur, par exemple lettre adressée à une personne et portant son nom, circulaire, note, avis officiel s'adressant à une catégorie de personnes à laquelle on appartient, etc. Cas où le travail de détection est le plus aisé ;

- le signal est renforcé en intensité - dans notre cas il s'agira de procédés typographiques - gros titres de la presse, redondance du signal, etc. ;

- la nature de « la structure de l'aire d'apparition du signal » (Montmollin op. cit.) peut aussi être un élément facilitant la détection. Qu'elle soit chargée, encombrée de « bruits », et le signal pourra passer inaperçu. L'organisation de l'espace de la page peut jouer un rôle très important dans ce domaine comme facteur de repérage ;

- le signal peut être attendu et être précédé de signaux avertisseurs, ce qui met le lecteur en situation d'attente et rend probable la détection du signal.

— *Identifier le signal,* en première analyse, c'est pouvoir l'opposer à un autre signal, en préciser la nature. Rappelons qu'un travail d'identification ou de discrimination ne peut s'opérer qu'en référence à un répertoire de signaux convenus tels qu'ils ont été appris et mémorisés. L'erreur en ce domaine est la confusion.

---

(1) Nous nous référons ici aux recherches entreprises en ergonomie, notamment sur l'ergonomie des postes et la perception des signaux. Cf. Maurice de MONTMOLLIN *Les systèmes* Paris, P.U.F., 1967, coll. Sup.

— *interpréter le signal*, constater son existence, ne suffit pas, il faut lui donner signification. Que veut dire ce texte, cette séquence ? Que signifie-t-elle à mes yeux ?

Ces trois tâches définiront donc le travail d'exploration perceptive de la page, à quelque niveau qu'on se situe, qu'il s'agisse du texte entier, d'un fragment, d'une phrase, d'un mot, d'une lettre.

Il est certes toujours périlleux de vouloir transposer des données d'analyse d'un domaine du savoir à un autre, et il n'est pas évident a priori que les conduites perceptives mises en œuvre pour l'exécution de tâches se retrouvent de façon identique dans la lecture des textes. Toutefois, nous le verrons plus loin, il semble que l'on dispose là d'un bon modèle dans la mesure où il définit trois niveaux d'activité en présence du texte :

— une lecture flottante, phase de détection, où le lecteur est à la recherche d'un passage susceptible de l'intéresser ;

— une lecture focalisée, portant sur un passage précis - mot, phrase, paragraphe. . . - où le lecteur procédera à une identification des éléments repérés ;

— une lecture interprétée, où le lecteur donnera sens aux signaux identifiés en fonction de sa problématique, de son attente :

ces trois activités étant généralement conduites de front en situation authentique de lecture. Rien n'indique cependant qu'il faille en faire autant en situation d'apprentissage, où ces trois conduites auront certainement intérêt à être distinguées.

Si l'on se place du point de vue de l'émetteur, celui-ci se posera à chaque fois les questions suivantes :

— le signal que j'émets est-il perceptible ?
— s'il l'est, sera-t-il vraiment perçu ?
— que faudrait-il faire pour qu'il le soit de façon certaine ?

Le scripteur devra donc structurer le champ d'observation de son lecteur de manière à ce qu'il rencontre obligatoirement le signal significatif, en rendre impérative la détection et l'identification. Inversement, le lecteur devra se mettre en quête de ces signaux significatifs, développer un comportement de vigilance dans l'attente de leur apparition (1).

L'analogie avec l'analyse des signaux dans les postes de travail, momentanément, s'arrêtera là. En effet, en ergonomie, toute réception de signal implique une réponse. En lecture, il y a bien réponse, réaction, mais elle sera de nature purement intellectuelle et ne se traduira que fort rarement par une modification du comportement ou de l'attitude, qui soit du moins immédiatement perceptible par une instance extérieure au sujet. D'où les difficultés que posera pour un

(1) Voir plus loin p. 50 et p. 158 notamment.

30

enseignant une évaluation correcte de la perception du texte. Pourra-t-on jamais évaluer le supplément d'âme, pour reprendre l'expression de Gide, que la lecture de tel texte est supposée apporter au lecteur ?

Tel est bien le problème que pose l'enseignement de la lecture, à ceci près que tous les textes n'ont pas à assumer une telle fonction, ce qui rend tout de même possible la recherche d'une solution.

LECTURE ET FORMULATION D'HYPOTHÈSES

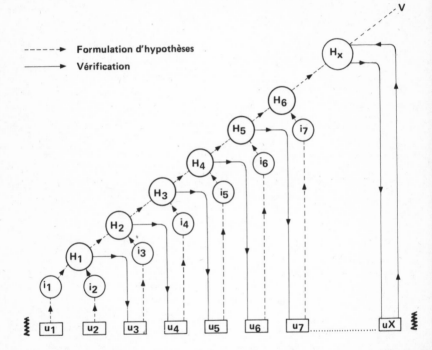

La lecture, nous venons de le voir, ne peut être envisagée comme un processus linéaire de découverte du texte, mais plutôt comme une démarche intégrative procédant par tâtonnements et essais-erreurs.

Considérons maintenant ce qui se passe au niveau du texte entier. Soit un texte dont les frontières sont délimitées par les traits ξ et ξ , découpé arbitrairement en un nombre x d'unités sémantiques, $u_1, u_2, u_3 \ldots u_X$. La lecture des deux premières unités u_1 et u_2 va permettre au lecteur d'inférer, pour chacune d'entre elles, une interprétation élémentaire de type i_1 et i_2. De ces deux interprétations élémentaires, le lecteur infère une première hypothèse interprétative (⟶) h_1, plus globalisante, qu'il va évaluer par un retour interrogatif au texte portant sur l'unité suivante u_3 (⟶). Cette hypothèse se trouvant vérifiée, le lecteur peut alors inférer de h_1 et de l'interprétation de l'unité suivante i_3 une hypothèse plus forte h_2, qu'il va tester. . ., élaborant ainsi au fur et à mesure de la lecture du texte des hypothèses de plus en plus puissantes quant au sens du texte, lui permettant à chaque étape de réévaluer rétroactivement le texte déjà lu et de mettre en place des stratégies d'anticipation de plus en plus précises. Il y a dans la même proportion réduction du champ d'incertitude du lecteur.

Lire, ce sera formuler une hypothèse de signification, redéfinie constamment tout au long de la lecture, l'accès au sens étant totalement réalisé lorsque l'hypothèse de recherche, par réaménagements successifs déterminés par l'apport de données nouvelles prélevées dans le texte, coïncide totalement avec le projet de l'auteur.

Cette superposition (intention de signification/hypothèse d'interprétation) est totale dans le cas de textes scientifiques et techniques. Elle est partielle dans tous les autres cas, à des degrés divers, bien entendu.

Dans cette perspective, pourra être qualifié de littéraire tout texte qui au terme d'un processus d'analyse laisse subsister un nombre x de données non intégrables dans l'hypothèse du lecteur. Cependant, compte tenu du fait que les lectures sont cumulatives et que le lecteur dispose de grilles interprétatives de plus en plus nombreuses au fil des années et des siècles, les hypothèses seront de plus en plus fines et la marge d'incertitude de plus en plus réduite. Lire Racine aujourd'hui, c'est intégrer aussi bien les lectures de Brunetière, de Faguet, de Picard, comme celle de Mauriac, de Goldmann ou de Barthes, pour ne citer que quelques noms au hasard. Une incertitude qui tend vers zéro, sans toutefois jamais pouvoir l'atteindre (1).

Ce schéma appelle toutefois un certain nombre de remarques :

— nous n'avons pas représenté les parcours de retour sur le texte en lecture rétrospective quand la formation d'une hypothèse nouvelle nous amène à revoir les passages déjà lus. Le tableau eût été alors illisible ;

— les unités sémantiques sont représentées sous forme d'une succession d'unités de taille et de nature équivalentes. Or il est bien entendu (nous reviendrons ultérieurement sur cet aspect de la question) que ces unités peuvent être d'ampleur et de nature différentes, s'emboîtant les une les autres, non s'enchaînant de façon linéaire.

La lecture selon la théorie de l'information

Si nous faisons référence à la théorie de l'information, c'est avant tout parce

_____

(1) Nous serons amenés, un peu plus loin, à revoir cette définition qui a le tort, en fait, de concevoir le texte littéraire comme une somme finie de significations qu'il serait possible par décryptages successifs et complémentaires de dégager. Ce n'est pas aussi simple.

qu'elle est susceptible de compléter et d'éclairer l'image de la lecture conçue comme *processus de levée d'incertitude* - ce qui d'une manière correspond à ce que nous venons de voir, c'est-à-dire la lecture définie comme *enchaînement d'émissions et de vérifications d'hypothèses.*

Toutefois, il faut le préciser, il ne s'agira là, tout au plus, que d'une analogie, dotée d'un pouvoir heuristique certain, non d'une théorie permettant, par réductionnisme, d'expliquer et de quantifier la démarche de lecture (1).

« Acquérir une information est, en toute généralité, lever une incertitude sur l'état d'un système. Un système, en général, est parfaitement défini lorsqu'on connaît les différents états qu'il peut prendre et les différentes probabilités qu'il a de prendre cet état. » (Encyclopédie Larousse, 1976).

L'information peut alors être définie comme une quantité mesurable qui sera fonction de la probabilité d'apparition de telle ou telle donnée. La quantité d'information acquise est la mesure de l'incertitude sur l'état du système. Si l'on s'en rapporte à la formule de Shannon, elle correspond au logarithme du nombre d'alternatives possibles (2).

Tout système est porteur d'une quantité d'information potentielle, ce qui définit son entropie. On se trouvera ainsi en présence de système dotés d'une entropie forte, c'est-à-dire d'une très grande imprévisibilité quant aux états qu'il peut prendre, ou de systèmes dotés d'une entropie faible, c'est-à-dire de système fortement prévisibles. L'entropie mesure ainsi le manque d'information sur la structure réelle du système.

Si par exemple, il m'est possible de prévoir tel événement et que cet événement survienne effectivement, je pourrai dire qu'il est doté d'un faible pouvoir d'information, l'état d'incertitude dans lequel je me trouvais au départ quant à sa survenue étant très faible. Inversement, l'incertitude sera très grande si différents événements ont même probabilité d'apparition et qu'ils sont eux-mêmes plus nombreux. Il est d'autant plus difficile par exemple de gagner aux courses de chevaux que les partants sont plus nombreux et de force égale.

En fait, la théorie de l'information ne se soucie que de mesurer un processus de : « transmission de l'information par un système physique ou de télécommunication ». Il convient donc de distinguer de façon rigoureuse *information* dans son sens habituel d'acquisition de connaissances, de renseignements, et *information* comme unité d'indétermination. Comme le rappelle Alain Texier (Encyclopédie Larousse) : « Une définition de l'information ne prenant en compte que les données et leurs probabilités est donc absolument objective et indépendante de l'observateur. En revanche, la valeur de l'information est un élément subjectif : telle information contenue dans la même phrase peut être

(1) On lira avec profit, à ce sujet, les conseils de prudence de Georges MOUNIN, *Linguistique et théorie de l'information* in *Linguistique et Philosophie,* Paris, PUF 1975.

(2) Pour un exposé synthétique de la théorie de l'information, on lira Robert ESCARPIT, *Théorie générale de l'information de et de la communication,* Paris, Hachette, 1977.

pour une certaine personne d'une extrême importance et sans intérêt pour les autres. »

Dans quelle mesure peut-on appliquer certains aspects de la théorie de l'information à l'acte de lecture ? En ceci :

— le texte écrit peut être conçu comme un assemblage de signes aux probabilités d'apparition aléatoires ;

— le lecteur, à son arrivée devant le texte, est à un degré x d'incertitude quant au contenu du message ;

— la lecture peut être considérée comme *un processus de réduction d'incertitude* qui visera à épuiser l'entropie du texte : « c'est-à-dire à énoncer toute l'information qu'il contient, à le rendre entièrement connu, de sorte que tout nouveau balayage ne produira que des événements prévisibles. » (Escarpit, 1977 op. cit.).

L'effort de lecture sera donc fonction de deux facteurs essentiels :

— d'une part, de ce que très généralement nous pourrions appeler la qualité du lecteur, c'est-à-dire une aptitude plus ou moins grande à prévoir les éléments successifs du message. Elle dépendra à la fois de sa compétence linguistique spécifique et aussi et surtout de son expérience des textes (nous verrons un peu plus loin cette question avec les problèmes d'intertexualité) ;

— du degré de complexité du système linguistique et discursif dans lequel vont apparaître les textes. Si j'évolue dans une langue restreinte, mettons 800 mots, fonctionnant selon des codes d'expression très limités, les possibilités de prédiction seront assez fortes. Si par contre, j'évolue dans une langue très riche, aux multiples codes, susceptibles en plus de se combiner de façon très diverse (ce qui est le cas en fait de la plupart des langues naturelles et notamment du français), les possibilités de production seront pratiquement *infinies.* Cela élèvera, dans les mêmes proportions, l'état d'incertitude initial du lecteur, et rendra, bien entendu plus difficile l'effort de compréhension.

Il est en effet possible de prévoir sans trop de difficultés une suite de lettres, une suite de mots, les contraintes d'apparition étant encore à ce niveau assez fortes. L'effort de prévision est par contre infiniment plus grand dès lors que l'on envisage une suite de phrases, ce qu'explique ainsi Jakobson : « Ainsi existe-t-il dans la combinaison des unités linguistiques une échelle ascendante de liberté. Dans la combinaison des traits distinctifs en phonèmes, la liberté du locuteur individuel est nulle ; le code a déjà établi toutes les possibilités qui peuvent être utilisées dans la langue en question. La liberté de combiner les phonèmes en mots est circonscrite, elle est limitée à la situation marginale de la création de mots. Dans la formation des phrases à partir des mots, la contrainte que subit le locuteur est moindre. Enfin dans la combinaison des phrases en énoncés, l'action des règles contraignantes de la syntaxe s'arrête et la liberté de tout locuteur particulier s'accroît substantiellement. » (Jakobson, 1963).

De tous les types de production verbale, il apparaît bien que le texte écrit est celui qui possédera l'entropie la plus forte compte tenu d'une part qu'il s'agit d'une communication différée, c'est-à-dire que les indices de signification externes sont très réduits, et d'autre part que c'est dans le discours que peut se manifester de la façon la plus évidente la liberté d'expression du locuteur (toute relative en fait, nous verrons cela plus loin) et par-là même rendre plus imprévisible le contenu du message.

Toute communication écrite est menacée, fragile, aléatoire. Tout lecteur est initialement en situation d'incertitude forte, *ce qui, théoriquement, devrait rendre impossible toute communication écrite et inintelligible un quelconque message écrit.*

Il reste alors à examiner comment il est possible de vaincre une telle fatalité.

ASPECTS DE LA COMPRÉHENSION DES MESSAGES

Le fait que chacun ait l'expérience de la compréhension des textes n'empêche pas que la connaissance des mécanismes mentaux qui caractérisent l'activité du lecteur en situation de lecture reste, pour l'instant du moins, relativement limitée.

Les psychologues se sont pourtant intéressés très tôt à l'étude des opérations cognitives mises en œuvre dans la compréhension du langage. Mais ces travaux, pour l'essentiel, portaient sur un matériel verbal très simple — lettres ou mots à retrouver, étude de rétention de phrases... — et ne concernaient que très rarement les textes, c'est-à-dire un matériel verbal de grande dimension. Ces recherches, d'autre part, s'intéressaient plus à l'aspect mémorisation que compréhension proprement dite.

La situation est actuellement en train de se modifier et les recherches portant sur l'identification des opérations cognitives mises en œuvre par le sujet lors de la lecture de textes commencent à se développer. Notre propos n'est pas d'en faire ici un exposé détaillé, mais simplement d'établir un inventaire d'un certain nombre de données apportées en ce domaine par la psychologie expérimentale. A une époque où l'on parle tant de pédagogie centrée sur l'élève, il est évident que cela ne saurait s'entreprendre sérieusement sans une connaissance sinon exacte du moins honnête des types d'activités intellectuelles effectuées par l'élève en situation de réception de messages.

1. La compréhension

Aussi paradoxal que cela puisse paraître, la définition du phénomène de compréhension pose encore un problème. Danièle Dubois (1976) en donne la définition suivante :

« En première approximation, nous définirons la compréhension comme l'ensemble des activités qui permettent l'analyse des informations reçues en termes de classes d'équivalences fonctionnelles, c'est-à-dire l'ensemble des activités de *mise en relation* d'informations nouvelles avec des données antérieurement acquises et stockées en mémoire à long terme. Les modèles de compréhension sont ainsi étroitement liés à la représentation théorique des formes et du contenu de la mémoire à long terme. »

Toute activité de compréhension implique donc un savoir, une somme d'expériences préalables intégrés par le récepteur sous forme de représentations abstraites à un niveau profond, ce qui pourrait constituer la mémoire à long terme, dispositif d'accueil pour les informations nouvelles recueillies par le lecteur au moment de la lecture du message.

Danièle Dubois cite à ce propos (op. cit.) le modèle de compréhension proposé par Norman relatif à l'énoncé : « Pierre a posé le paquet sur la table, parce que celle-ci n'était pas horizontale, le paquet est tombé. » D'après Norman, comprendre un tel énoncé c'est pouvoir d'une part donner la représentation suivante de la première proposition de la phrase (traduction lexicale d'une représentation profonde abstraite de nature conceptuelle) :

« Pierre a causé que le paquet change le lieu d'une position préalable non connue à sa position finale, la surface de la table » ou bien :

« Quelqu'un que nous connaissons comme étant Pierre a causé qu'un paquet particulier a été déplacé d'un endroit précédent à un autre point non spécifié de la surface d'une table non particulière. »

avec en informations complémentaires :

- il n'y a pas de rebord à la table (sinon le paquet ne tomberait pas) *inférence*
- tous les objets étant plus lourds que l'air (comme le paquet par exemple) tombent (*loi physique,* connaissance du monde physique)
- le paquet est donc tombé *(inférence)*
- la surface qui définit une table est ordinairement plane (*connaissance du monde)*
- quand un paquet tombe, il risque de se casser, *connaissance du monde*
- pourquoi Pierre a-t-il posé le paquet sur la table ? *(compréhension des intentions du locuteur).*

Comprendre, d'après Norman, c'est d'une part se donner une représentation interne profonde de la phrase et d'autre part mettre cette représentation en relation avec une série d'informations complémentaires (éléments soulignés) pour interpréter la phrase.

Il existe d'autres modèles de compréhension proposés et il n'est pas dans notre propos d'en évaluer la valeur respective. Il s'agit de voir que l'évidence de sens dans un énoncé ou une suite d'énoncés est une vision fausse des choses, c'est le terme d'une série extrêmement complexe d'opérations intellectuelles où l'aspect proprement linguistique joue un rôle secondaire. Il est bien entendu qu'il ne saurait y avoir appréhension du sens sans connaissance de la langue dans laquelle s'exprime le message, mais la seule connaissance des significations linguistiques ne permettrait pas à elle seule de comprendre un message, un texte écrit par exemple. Ce que rappelle en d'autres termes Danica Séleskovitch (1975) :

« L'appréhension du sens (. . .), c'est le lien qui s'établit entre les engrammes de la connaissance linguistique (grâce auxquels les significations linguistiques sont reconnues sous les paroles entendues) et les engrammes non verbaux de la connaissance tout court. S'il n'existait pas de connaissances non verbales, si aucun lien ne pouvait s'établir entre celles-ci et les significations linguistiques, le maniement de la langue équivaudrait à celui de chiffres non combinables entre eux, à celui d'une mathématique réduite à la désignation de quantités. »

2. Mémoire verbale et mémoire sémantique

Postuler l'existence en profondeur chez le sujet d'une structure cognitive qui lui permet d'intégrer les informations nouvelles, c'est faire intervenir le rôle joué par la mémoire dans le processus de compréhension.

Très tôt les études psychologiques mirent en évidence deux grands types de mémoire, la mémoire à court terme ou mémoire immédiate et la mémoire à long terme, c'est-à-dire un dispositif de stockage des informations à deux temps. Comment fonctionne-t-il lors de la réception d'un message ?

Le premier contact avec le discours d'autrui est un contact de type senso-riel — perception auditive de sons dans le cas d'un discours oral ou perception visuelle de signes inscrits sur un support — où, durant quelques brefs instants, le récepteur va conserver trace intégrale des signes verbaux perçus, c'est-à-dire qu'il est capable d'en donner une restitution fidèle, niveau où intervient la mémoire immédiate. Durant un temps donné, le lecteur ou l'auditeur garde présents en mémoire un certain nombre de mots. Cette capacité d'emmagasinage verbal de la mémoire immédiate définit ce que les psychologues appellent l'*empan*. En situation de lecture, l'*empan* varie de 8 mots pour le lecteur lent à 20 mots pour le lecteur rapide (Richaudeau, 1974). En situation d'audition, sept à huit mots restent présents en mémoire pendant deux à trois secondes (Séleskovitch, 1976). Les capacités de la mémoire immédiate, on le voit, restent très limitées et elle doit pouvoir se vider très rapidement pour faire place à la série suivante d'éléments verbaux, le temps pour le sujet d'extraire des mots les éléments de sens pertinents qui seront transférés dans la mémoire à long terme, celle où sont stockées les informations estimées essentielles par le sujet, cette opération de mise en mémoire ne s'effectuant plus sur des bases linguistiques, tous les psychologues s'accordent là-dessus, mais sur des bases sémantiques. Il reste à définir de façon précise le statut de cette structure profonde d'accueil et de rétention des informations, ce qui n'est pas un mince problème.

D'où la différence qu'il convient de faire entre la mémoire verbale qui ne s'attache qu'à la face sensible du message dans un rapport immédiat de percep-tion, et la mémoire sémantique où sont déposées, au terme d'une série d'opéra-tions, de sélection, de filtrage, de transformation, les informations nouvellement acquises, le sens résultant de la confrontation de significations linguistiques avec les structures sémantiques qui constituent l'univers de connaissance du sujet, d'où la distinction fondamentale entre : « la saisie des signifiés qui repose sur une connaissance linguistique et (. . .) la saisie du sens reposant sur un raisonnement qui associe les signifiés de la langue à des connaissances autres que linguistiques. » (Séleskovitch, 1976).

C'est affirmer le principe, que nous retrouverons plus loin formulé d'une autre manière, que le lecteur ne peut arriver devant le texte, vierge de tout acquis antérieur. Le texte ne peut prendre sens que s'il s'intègre, après sélection, filtrage et transformation dans la structure cognitive préexistante du sujet.

Toute information reçue sera obligatoirement une information traitée, sans quoi elle ne pourrait relever que de la mémoire immédiate et s'effacerait ainsi très rapidement. Le traitement des textes obéit à une suite d'opérations extrêmement complexes, et rares sont encore en ce domaine les modèles proposés. On citera, à titre de simple exemple, le modèle proposé par Frederiksen (1972), tel qu'il est rapporté par M. F. Ehrlich (1976). Cela nécessite d'une part la mise en place d'un modèle sémantique du texte et d'autre part une suite d'opérations constituant le processus de compréhension proprement dit :

ÉLÉMENTS STRUCTURAUX DU MODÈLE SÉMANTIQUE
— Concepts (classes)
— Relations (simples, composées, emboîtées)
— Implications (simples, composées, emboîtées)
— Structures (systèmes de relations et/ou d'implications)
PROCESSUS

— Processus linguistiques d'entrée
— Sélection :   - sélection de surface
                - sélection inférentielle
— Production : - processus d'encodage (production d'éléments sémantiques
                véridiques)
              - processus de raisonnement génératif (production d'éléments
                inférés)
              - processus d'élaboration (production élaborative)
— Vérification :- appariement d'identité
                - appariement transformationnel : correspondance de classe,
                implication, non contradiction
                - non vérification
— Transformations (opérées sur le modèle sémantique)
— Processus de stockage et de récupération
— Processus d'expression de sortie (p. 321)

On se rend ainsi mieux compte de la difficulté que pose la représentation et d'abord l'identification des processus mentaux qui caractérisent l'activité du sujet au moment de la lecture des textes. Aussi paradoxal que cela puisse paraître, la recherche en ce domaine est encore à faire, tant sont nombreuses les variables qui caractérisent le matériel textuel et les opérations intellectuelles mises en œuvres.

Il apparaît qu'en définitive l'aspect proprement linguistique dans la compréhension reste somme toute secondaire. Lire mobilise chez le sujet un nombre important d'opérations de type cognitif, fait intervenir ce que les psychologues appellent sa connaissance du monde, faisant ainsi passer au second plan les facteurs de reconnaissance linguistique qui sont pourtant traditionnellement privilégiés.

La capacité et la qualité de compréhension du sujet seront donc fonction de la qualité de sa structure cognitive, de son aptitude à développer certaines opérations — capacité inférentielle par exemple — et à mobiliser au niveau de compréhension adéquat un certain nombre de concepts pertinents, toutes dispositions qui ne relèvent pas du seul perfectionnement linguistique. L'aptitude à la compréhension des messages ne peut être de ce fait considérée comme une aptitude à développer parmi d'autres, elle est en réalité liée au plus profond du développement mental de l'enfant et plus tard au degré de maturation de l'adulte.

Les activités d'apprentissage ou de perfectionnement dérivées de la seule linguistique ne peuvent être entièrement opérationnelles. La collaboration avec les psychologues s'impose, même si le contact n'est pas toujours facile à établir, tant pour des raisons institutionnelles qu'épistémologiques. La dimension psychologique dans l'approche des problèmes de la compréhension des textes ne doit être ni exclusive, ni même dominante, elle ne peut toutefois être omise si l'on veut pouvoir analyser correctement l'activité de l'élève, identifier l'origine exacte de ses difficultés, intervenir efficacement (1).

(1) Un certain nombre de références et de citations présentes dans ce chapitre sont extraites d'un ouvrage important, le *Spécial annuel 1976* du *Bulletin de Psychologie de l'Université de Paris - La mémoire sémantique* sous la direction de S. Ehrlich et E. Tulving.

TEXTE RÉEL, TEXTES VIRTUELS

Pendant longtemps, l'idée a prévalu que le sens d'un signe linguistique se définissait par une relation bi-univoque entre signifiant et signifié, entre le mot et la chose à laquelle il se référait, la langue se constituant ainsi comme un reflet du monde qu'elle était chargée d'exprimer.

Il en fut ainsi longtemps des textes, du moins dans une certaine tradition universitaire. Le sens d'un texte, c'était d'abord la relation qui s'établissait entre lui — matériel verbal — le signifiant — et le domaine auquel il renvoyait, le signifié. Combien d'éminents critiques consacrèrent ainsi des vies entières à la recherche du modèle historique de la duchesse de Sanseverina dans *La Chartreuse de Parme* ou à reconnaître, de façon exacte, le lieu où s'était placé Lamartine pour brosser le panorama décrit dans son poème *L'Automne* ! Comprendre un texte revenait à le considérer dans son rappport à un référent non-linguistique, préexistant au texte. L'énoncé, le texte n'étaient appréhendés que dans leur fonction purement dénotative, le « style » n'intervenant qu'à titre de simple décoration.

La linguistique a permis de revenir sur de telles conceptions, et Saussure attira l'attention sur le fait que le signe linguistique définissait sa signification de façon différentielle, c'est-à-dire par opposition au sens des autres signes appartenant à la même famille sémantique. Si nous prenons par exemple le verbe *adorer*, en français, son sens exact est déterminé par les rapports qu'il entretient avec d'autres termes tels que *aimer, raffoler, apprécier, goûter*, etc. S'il n'existait en français qu'un seul mot pour exprimer la notion d'aimer, *adorer* engloberait la totalité des valeurs de sens affectées jusqu'alors à cet ensemble de mots. Dès lors que les mots — nous parlons ici bien entendu des mots de sens plein, sont organisés en système — chacun d'eux se définira par la somme de sens que les autres excluent (1).

Considérons alors l'énoncé suivant, effectivement prononcé à la tribune de l'Assemblée Nationale en juin 1976 :

● « La taxation des plus-values est une spoliation de la petite propriété familiale. » Tout auditeur francophone un tant soit peu averti percevra immédiatement dans ce type d'énoncé une intention critique extrêmement forte. Y sera-t-il parvenu à partir de la seule *analyse interne* des éléments linguistiques constitutifs de cet énoncé ?

(1) Sur ce sujet, on consultera Georges MOUNIN, *Les problèmes théoriques de la traduction*, Paris, éd. Gallimard, 1963 ; rééd. coll. *Tel*. 1976.

En fait, pour accéder au sens d'un énoncé, il faut pouvoir le comparer à tous les autres types d'énoncés susceptibles d'être produits dans des conditions identiques d'énonciation, c'est-à-dire ici l'intervention d'un député à la tribune de l'Assemblée Nationale, où l'orateur veut définir et qualifier le projet de loi qui lui est soumis par le gouvernement (ce projet de loi visait à taxer les plus-values, dans le domaine immobilier notamment). On aurait pu avoir, par exemple :

- « La taxation des plus-values est un impôt frappant les gains de fortune tirés d'un accroissement exceptionnel du capital. »
  (définition technique, neutre) ;

- « La taxation des plus-values est un impôt   juste
                            équitable
                            injuste frappant les gains de fortune tirés d'un accroissement exceptionnel du capital. »
  (définition technique + appréciation laudative/péjorative) ;

- « La taxation des plus-values est un   impôt
                                 prélèvement. . . d'un accroissement exceptionnel du   grand
                         moyen
                       petit   capital
                             patrimoine. . . »
  (définition + qualification du champ d'application de la taxation) ;

- « La taxation des plus-values est un vol commis sur le patrimoine des gens. »
  (toute référence à la notion de *gains de fortune* disparaît, *capital* est remplacé par *patrimoine,* moins marqué) ;

- « La taxation des plus-values est une spoliation de la petite propriété familiale. »
  (*spoliation* s'est substitué à *impôt frappant,* toute référence à la notion de gain disparaît, *capital* devient *petite* propriété familiale, les deux adjectifs spécifiant le champ d'application de la loi, focalisant l'attention sur ce seul aspect).

Nous voyons ainsi que, par un jeu de substitutions, de combinaisons et d'exclusion, le nombre d'énoncés susceptibles d'être produits dans cette situation est considérable. Il faut donc admettre que l'auteur de ce propos a procédé à une série de choix qui sont tous significatifs à partir de séries paradigmatiques ; par exemple dans la série :

— taxe	— ponction
— impôt	— vol
— prélèvement	— spoliation

seul le dernier terme a été retenu, parce que c'est celui qui, aux yeux de l'auteur de l'énoncé, était susceptible de mieux manifester sa réprobation.

Le système d'ensemble peut être représenté ainsi :

SN	est	un impôt une taxe une charge	0 juste équitable lourd injuste . . .	frappant	les gains de fortunes. . .	petit moyen grand	capital biens fonciers patrimoine fortune fam. propriété	agric. indus.
		un prélèvement		opéré sur				
		une atteinte un vol une spoliation						

Tous ces choix signifient l'indignation, ou l'apitoiement sur le sort des propriétaires, donc la condamnation du projet. J'interpréterai cet énoncé comme partiel, partial, non exempt d'ailleurs de démagogie. Mais je n'y serai parvenu que par comparaison de l'énoncé produit avec les énoncés virtuels, en faisant défiler mentalement, au moment de l'audition ou de la lecture, la série paradigmatique correspondante constituée d'énoncés déjà mémorisés et virtuellement disponibles. Ce qui veut dire qu'à l'instant où je lis/écoute cet énoncé, je suis capable simultanément de le reformuler, de le réécrire, la confrontation de l'énoncé lu et de ses diverses réécritures donnant ainsi naissance au sens.

Pour qu'il y ait effectivement communication, dans le cadre d'une lecture, il est donc essentiel qu'émetteur et récepteur disposent des mêmes séries paradigmatiques, ce qui sera un aspect important de ce que nous pouvons appeler la communauté de répertoire.

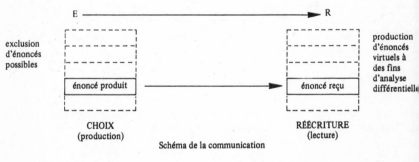

Schéma de la communication

i l'émetteur et le récepteur disposent des mêmes séries paradigmatiques, la communication pourra se faire sans difficultés. Si par contre, le récepteur dispose d'une gamme moins étendue que celle de l'émetteur, l'appréhension du sens ne sera que partielle, certains choix n'étant ni perçus, ni appréciés. Si inversement, la gamme du récepteur est plus étendue que celle de l'émetteur, il percevra dans le discours de ce dernier la part plus ou moins importante des stéréotypes ou des insuffisances.

En revanche, le discours scientifique, parce qu'il intervient dans une communauté homogène de locuteurs qui traitent des mêmes questions, de façon identique, ne saurait admettre ni transformations, ni réécritures. Dans la forme la plus objective du discours scientifique, il ne peut y avoir qu'une seule énonciation possible, quel que soit l'émetteur, son lieu d'origine, sa personne. . . L'accès au sens par analyse différentielle ne peut se pratiquer que dans le cadre d'une communication où prédominent les éléments d'appréciation, donc subjectifs, contingents, signalant à l'auditeur ou au lecteur la présence de l'émetteur dans son propre discours. Plus le discours fera intervenir de données se rapportant à la personne même de l'émetteur, dans ce qu'elle a de plus particulier, de plus original, plus important sera l'arrière-plan du texte, cette somme d'énoncés virtuels qui constituent le double invisible mais toujours présent du texte.

Lire un texte, c'est-à-dire en dégager la signification, ce sera à la fois *percevoir les choix et les évaluer.*

Ce qui vaut pour l'énoncé, vaudra aussi pour le texte, de manière différente il est vrai, car les procédures combinatoires qui entrent en jeu dans son élaboration sont infiniment plus complexes que celles qui interviennent dans le cadre d'un seul énoncé.

Partons du texte suivant, tiré du mensuel *L'Expansion* (n° 88 - Sept. 1975)

FAUT BIEN GAGNER SA VIE

par Bernard Lalanne

« Je ferai ça tout le temps. Non, je n'ai pas envie de monter, ça me plaît comme ça. Pourquoi ? — un silence — c'est un travail simple, on n'a pas besoin de beaucoup réfléchir. . . Autrement, quand je suis seule, j'ai toujours le poste allumé. Je ne pense jamais. »

A onze heures du soir, Denise appuie sur une touche, coupe le moulin des hit-parades et s'endort sans rêves. Demain matin, à sept heures, elle retournera faire des trous dans des cartes à la Caisse d'allocations familiales.

Denise aura vingt-deux ans le mois prochain. Ses 1 600 francs mensuels lui servent à payer sa chambre et ses repas, le reste va sur un plan d'épargne-logement. Timide, introvertie, son jardin secret donne hélas ! sur un désert. Tout juste avoue-t-elle, comme à confesse : « Je n'ai pas lu depuis au moins quatre ans. . . il n'y a rien qui m'intéresse. . . je n'ai pas rencontré quelqu'un. . . oui, c'est triste ; enfin, un peu. . . non je ne m'ennuie pas. »

Nous ne l'avons pas inventée. Denise Simon existe, elle vit au foyer

45

« Carrefour », à Metz. Elle est perfora-trice, célibataire, solitaire.

Est-ce bien cela, la vie d'un jeune travailleur en 1975 ? Commencée en mars dernier, l'aventure profession-nelle de Denise a tourné en routine dès le premier jour, la laissant face au vide de sa vie tout court. A qui la faute ? A elle-même, qui n'a jamais rien désiré, à ceux qui l'ont traînée jusqu'au bac D (math, physique) qu'elle a passé deux fois – en vain – après avoir redoublé trois classes ? En tout cas, la simple idée de suivre désormais une formation se heurte à un barrage de béton armé : « Si on me propose des stages, je refuse. J'ai assez appris comme ça à l'école. »

Sans entrer dans une étude de détail, que pouvons-nous constater du point de vue des choix, qui ont pu être entrepris par l'auteur ?

- Organisation :
    - texte qui traite d'un cas particulier ;
    - manifestation de la présence de l'auteur ;

    et non :

    - texte qui se situe au plan du général ;
    - discours objectivé.

- Contenus :
    - texte qui ne remet pas en cause le système éducatif ;
    - texte qui ne remet pas en cause l'organisation actuelle du travail ;
    - texte qui ne remet pas en cause le type de société dans laquelle vit Denise ;
    - texte qui ne remet pas en cause la place de la femme dans la société actuelle.

- Finalités :
    - texte où l'on s'apitoie sur... ;
    - texte qui déplore ;
    - texte qui constate ;

    et non :

    - texte qui dénonce ;
    - texte qui appelle à la révolte.

Au total, la suggestion d'une sorte de fatalité, nul n'étant vraiment responsable de cette situation, sinon Denise elle-même et ses parents, partiellement le système éducatif, obstinés dans la poursuite de diplômes qui n'étaient manifestement pas à la portée de cette jeune fille. Victime de trop d'ambitions en quelque sorte.

En définitive, un texte qui signifie plus par ce qu'il ne dit pas sur le système éducatif actuel, le type de travail offert aux jeunes, la place faite aux jeunes dans la société, etc., que par ce qu'il dit effectivement sur la vie de cette jeune fille. Inversement, si je ne suis pas capable de faire cette lecture multiple, je risque de prendre ce texte pour exemplaire et d'admettre pour vérité à valeur générale ce qui n'est qu'interprétation et prise de position.

Comme pour les énoncés, on peut ainsi parler de lecture paradigmatique pour les textes, le sens du texte étant défini par la somme des rapports établis entre le texte réalisé et les textes virtuels. Il faut l'envisager non seulement dans sa substance propre mais dans la perspective ainsi créée, lire tous les autres textes derrière le texte écrit.

Le schéma suivant nous permettra de donner une représentation, bien imparfaite d'ailleurs, de ce mode d'existence des textes :

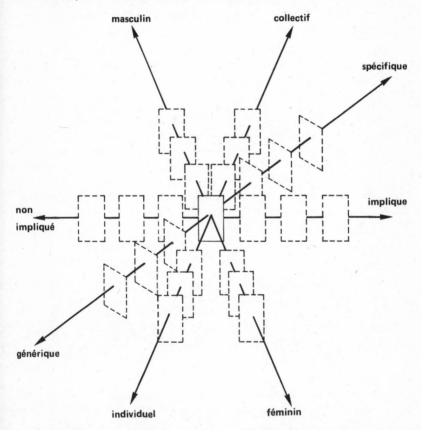

- *Représentation d'une lecture spectrale des textes* (en référence au texte *Faut bien gagner sa vie*)

  — le texte réel figure au centre du schéma, en gris ;
  — sur chaque axe figurent les textes possibles, selon le paradigme envisagé, leur nombre n'étant pas limité à ceux représentés sur le schéma. D'autres paradigmes sont envisageables.

47

LISIBILITÉ ET REDONDANCE DES CODES

Tout message est conçu en fonction du public auquel il est destiné. Son niveau d'intelligibilité, tel que le détermine son auteur, dépendra du degré de compréhension du lecteur moyen, tel qu'il est présupposé du moins par le scripteur.

Tout scripteur, c'est une évidence, construira son message de manière à ce qu'il soit recevable. Il devra donc mettre en œuvre une série de dispositifs sémiotiques destinés à élever le degré de qualité de réception du message, à lever toutes ambiguïtés, du moins celles qui seraient le plus préjudiciables à sa compréhension, assurer donc coûte que coûte la communication.

Quand la communication s'effectue dans une communauté homogène de locuteurs, par exemple un spécialiste d'une question donnée s'adressant à d'autres spécialistes de la même question, il est aisé pour le scripteur de déterminer le niveau d'intelligibilité de son message, car il en connaît par avance les conditions de réception. D'où un texte très économique dans sa production et son fonctionnement, toutes caractéristiques qui qualifieront le message d'hermétique aux yeux du profane. Le problème est d'ailleurs identique avec un public homogène de niveau culturel (nous entendons ici culture savante) très bas. On produira à son intention un message sous forme de bandes dessinées sans paroles ou éventuellement accompagnées d'un code idéogrammatique motivé ou d'un code linguistique très simple, comme pour les mesages s'adressant aux populations analphabètes ou semi-analphabètes des pays du Tiers-Monde et visant à diffuser les pratiques anticonceptionnelles :

code
iconique ➡

code
linguis▸

d'après *Sciences et Avenir* N° hors série 15, *La terre malade de la population.*

Dans tous les cas, texte d'un scientifique s'adressant à d'autres scientifiques ou texte s'adressant à un public analphabète ou semi-analphabète, il s'agira d'un texte où l'information est transmise en recourant à un seul code, deux au maximum, comme dans le document sur la contraception, messages uni-codés.

Mais les situations où le scripteur s'adressera à un public homogène et où, même dans ce cas-là, il n'aura à recourir qu'à un seul code, sont très rares. Très fréquents par contre sont les cas où le message s'adresse à un public hétérogène, diffus, pour lequel il sera difficile de déterminer par avance les conditions exactes de réception et de compréhension.

Il faudra donc recourir à d'autres procédés. Examinons à cet effet l'article suivant extrait du quotidien *Le Midi Libre* (6/8/1976) :

Dans un jardin de Rieucoulon

Un agave a fait en trois mois
une poussée de huit mètres

M. et Mme Lucien Aschieri viennent d'assister, depuis le 8 mai, à un phénomène botannique qui les a surpris par sa soudaineté et par son ampleur. Ils ont vu surgir d'une plante grasse de leur jardin de Rieucoulon une sorte d'immense asperge qui, en trois mois, a fait une poussée de 8 mètres. M. Aschieri a photographié au jour le jour son arbre phénomène. « On pouvait presque suivre sa poussée à vue d'œil, nous a-t-il dit. C'était tellement extraordinaire que les voisins ne manquaient pas de voir le spectacle de ce que l'un d'eux, M. Ramade, a appelé « une fusée naturelle ».

Cette plante est un agave ou agavé, nous a dit M. Claude Picaud, jardinier en chef du Jardin des Plantes. Nous en avons trois qui sont actuellement en floraison dans l'aire rocaille du jardin.

« La plante entre en floraison tous les 15 ou 20 ans. Les fleurs, qui ressemblent à des ombrelles géantes, sont supportées par un tronc ligneux qui peut grandir de 10 à 15 centimètres par jour.

« Ce prodigieux élan vital épuise la plante qui meurt, réellement, dans la fleur de la vie.

« L'agave, qui est originaire de l'Amérique Centrale, produit un feuillage de 2 mètres de long qui fournit des fibres textiles (sisal, tempico), tandis que la sève donne des boissons alcooliques pulpe, mescal, techila.

Si l'on s'en tient à « la forme globale du document » (Moirand 1978), on constate qu'il se présente ainsi :

1. titre	
2. image	3.1. texte italique 3.2. texte romain

- En **1**, le système du titre fonctionne ainsi :
  - mise en tête de phrase du complément ;
  - titre imprimé en caractères romains demi-gras pour la première ligne et en caractères romains gras pour les deux lignes suivantes ;

ce qui détermine un premier type d'occupation de l'espace. Les lignes-titres couvrent les deux colonnes du dessous. Le titre coiffe véritablement le corps de l'article.

- En **2**, sur une longueur équivalente à celle du texte, une photographie représentant l'agave.

- En **3**, le texte lui-même, qui occupe un espace symétrique de celui de la photographie et qui se décompose en deux sous-ensembles :
  - **3.1.** en caractères italiques ;
  - **3.2.** en caractères romains ;

chacun de ces deux textes étant grosso modo de longueur identique.

Il s'agit là d'un dispositif sémiotique classique en matière de textes de presse, qui déterminera une lecture-balayage dont la fonction sera de délimiter simplement l'espace du texte, d'en repérer les constituants, cette première démarche permettant au lecteur de constituer un premier horizon d'attente.

Si maintenant on s'intéresse à la nature de chacun de ses constituants, on constate que :

- **1** relève d'un code linguistique ; il s'agit d'un énoncé –, affecté d'une caractérisation typographique (choix du corps de caractère, des dimensions, espacement, « tronçonnage » – Peytard, 1975 –), destiné à élever le degré d'intensité du signal. Il ne faut pas oublier en effet que dans « l'aire scripturale » (Peytard, op. cit.) que constitue la page de journal, cet article entre en concurrence avec d'autres articles et qu'il doit renforcer son signal d'émission s'il veut être simplement repéré. C'est la première manière qu'a le texte de se manifester, linguistiquement et typographiquement.

• 2 relève du code iconique, image qui, dans sa forme même, rectangle étroit posé sur le petit côté, est chargée de représenter l'agave dans sa verticalité et d'exprimer ainsi sa poussée.

• **3.1.** relève du code linguistique et constitue un ensemble textuel homogène, doublement délimité par le blanc au bas de l'alinéa et le type de caractère choisi, l'italique (le fait que l'italique ait été employé dans deux lignes suivantes semble d'ailleurs dû à une erreur typographique). Il correspond à la partie proprement *événementielle* du texte, actants animés, verbes au temps du passé, abondance de noms propres de personnes et de noms géographiques. On se situe ici au niveau du cas particulier.

• **3.2.** relève aussi du code linguistique, mais marque *un changement de discours.* Du récit, on passe au commentaire fait par un spécialiste. Discours plus objectivé. Enoncés à construction essentiellement attributive.

Si l'on s'intéresse maintenant au contenu de sens manifesté dans ces quatre éléments :

• **1,** comme tous les titres, présente l'essentiel de l'information, OÙ ? QUOI ? QUAND ? COMMENT ? sont les questions auxquelles il permet de répondre.

• 2 représente visuellement l'événement, l'agave dans le jardin de Rieucoulon.

• **3.1.** expose l'information sous la forme d'un *récit* fortement contextualisé.

• **3.2.** expose la même information avec le point de vue du spécialiste. **3.2.** développe **3.1.**

Il apparaît donc que l'auteur de ce texte (texte étant pris ici dans son sens le plus large, la photographie par exemple faisant partie du texte) a voulu *faire passer la même information de quatre manières différentes.* Le phénomène de redondance est ici manifeste. Dans l'incertitude du degré exact de connaissance de son public sur la question, dans l'ignorance des conditions exactes de réception du texte (un quotidien régional comme *Le Midi Libre* est lu par un éventail très large de lecteurs, depuis le professeur d'université spécialiste de botanique jusqu'au lecteur à peine alphabétisé et ignorant tout de ces questions), le scripteur a procédé de façon à ce que le texte soit lisible et intelligible à tous les niveaux. Si le lecteur ne peut accéder au niveau 3.2., il pourra toujours se satisfaire du niveau 3.1. et si là encore il n'y parvient pas, il pourra recourir à 2. et à 1. Ce phénomène de redondance des codes, peu économique à première vue, est en réalité très fonctionnel puisqu'il s'agit d'assurer au message les meilleures conditions de réception, chacun des codes ou élément de code ayant pour fonction de « désambiguïser » ce qui relève du code précédent, l'image pouvant « expliquer » l'expression « fusée naturelle » et cette dernière l'expression : « les fleurs ressemblent à des ombrelles géantes (. . .) supportées par un tronc ligneux. »

Lire un texte, ce ne saurait donc être une simple opération de déchiffrage du code linguistique, mais l'appréhension simultanée de plusieurs codes fonctionnant de façon à la fois redondante et complémentaire, ce dispositif sémiotique complexe devant permettre à toutes les catégories de lecteurs d'accéder au sens du message. Le procédé est particulièrement utilisé dans la presse qui, de tous les modes de communication écrite, est celui qui a l'éventail de lecteurs le plus ouvert, mais on le retrouve aussi dans tous les systèmes de communication de masse, les bandes dessinées, le roman-photo, le cinéma qui intègre parole, images, musique, le théâtre qui intègre parole, mise en scène, musique, l'art publicitaire, l'opéra, tous les systèmes artistiques qui veulent atteindre simultanément des publics hétérogènes.

Le phénomène est particulièrement évident si l'on compare par exemple la façon de traiter une question, selon qu'il s'agit d'un spécialiste s'adressant à de futurs spécialistes ou d'un spécialiste s'adressant à des non initiés.

Soit les deux documents suivants :

- document 1 (p. 51) extrait de l'ouvrage de Pierre Bellair et Charles Pomerol, *Eléments de Géologie,* éd. Armand Colin, coll. U, p. 368, 370 ;
- document 2 (p. 52) extrait d'un article de A. Hallam tiré de *Scientific American* (Pour la Science) ;

qui tous les deux traitent de la question de la dérive des continents et de la tectonique des plaques. Sans entrer dans le détail de l'analyse des deux documents, on notera :

- l'extrême économie du document 1, qui n'a recours qu'au code linguistique - exception faite d'une carte p. 369 qui se retrouve aussi dans l'article de *Scientific American* - pour parler des théories orogéniques. Seul un découpage en alinéas signalés en outre par des titres et sous-titres aide le lecteur à accéder au texte et à sa signification ;
- le dispositif sémiotique plus riche du document 2, qui fait intervenir :
  - le texte lui-même ;
  - un schéma ;
  - la légende du schéma ;

c'est-à-dire que là où les théories orogéniques ne sont décrites qu'une seule fois dans le document 1, il y a reprise 3 fois de la même information dans le document 2, qui est un document de vulgarisation scientifique, et qui doit donc tenir compte du degré d'incertitude initial plus élevé du lecteur et donc mettre en œuvre un dispositif de réduction plus important.

DISPOSITIF SÉMIOTIQUE

Texte spécialisé : Pierre Bellair, Charles Pomerol, *Eléments de géologie,* Librairie Armand Colin — code linguistique + découpage en alinéas, avec titres et intertitres.

« B. Théories orogéniques

Les théories orogéniques font tantôt appel à des *actions verticales* (cratères de soulèvement), tantôt à des *forces horizontales* (contraction ou expansion du globe, dérive des continents), tantôt encore à des *mouvements magmatiques* ou des *réactions chimiques.*

1) Contraction du globe terrestre

C'est une des plus anciennes théories orogéniques. Formulée par Elie de Beaumont (1852), elle s'appuie sur un postulat qui est loin d'être admis, le refroidissement continu de la Terre. Il en résulte une diminution progressive du rayon et du périmètre terrestres qui occasionne l'affaissement passif de l'écorce. Ces effets radiaux s'accompagnent de compression et d'extension, c'est-à-dire de mouvements tangentiels qui affectent les zones faibles de l'écorce, géosynclinaux notamment, et sont générateurs de plissements. Pour reprendre une image approximative, la Terre se ride comme la peau d'une pomme qui se déshydrate.

Le géologue autrichien Suess apporta à cette théorie tout le poids de son autorité dans son livre *La face de la Terre,* où, sous une forme lapidaire il écrivait : « C'est à l'écroulement du globe terrestre que nous assistons. »

Sans méconnaître la possibilité d'affaissements locaux (séismes) ou régionaux *(théorie du coin* appliquée aux Appalaches par Chamberlin en 1925), et aussi origine de grandes failles (comme celles du continent africain), les calculs de thermodynamique (J. Goguel, *Traité de Tectonique*) ont montré qu'il faudrait imaginer pour les Alpes un refroidissement de 2 000°, incompatible avec ce que l'on sait de la vie sur la Terre à cette époque.

2) Cratères de soulèvement

Cette théorie fut soutenue, au début du siècle dernier, par l'Allemand Léopold de Buch, mais fut d'emblée vigoureusement combattue et finalement abandonnée.

D'après son auteur, non seulement les gaz et les laves sous pression pouvaient provoquer d'importants soulèvements, mais des massifs cristallins entiers, Mont-Blanc par exemple, auraient percé le substratum pour surgir à l'air libre comme un doigt à travers une boutonnière.

Si cette théorie n'a plus aucun crédit, il n'en est pas de même de l'idée de soulèvement : pour le géologue allemand Haarman (1930), le point de départ de l'orogenèse est une vaste intumescence ou *géotumeur* qui constitue ce qu'il appelle la « tectonique primaire », à partir de laquelle s'effectue la mise en place des montagnes, c'est-à-dire la « tectonique secondaire. »

On ne peut en effet nier l'existence d'une composante verticale dans la création des reliefs et c'est un des postulats de la tectonique d'écoulement par gravité.

3) Dérive des continents

L'idée de translation continentale est fort ancienne, puisque dès 1658, le R.P. Placet publiait un mémoire qui portait dans son titre : *Où il est montré que devant le déluge, l'Amérique n'est pas séparée des autres parties du monde.* Mais c'est à l'Américain Taylor (1910) et surtout au géophycisien Wegener (1912) que revient le mérite d'avoir lancé cette théorie et de l'avoir défendue avec éclat et passion.

C'est en considérant la similitude de forme des côtes américaine et africaine de l'Atlantique que la notion de translation continentale s'imposa à l'esprit de Wegener. A cette similitude de forme se superposent des coïncidences géologiques, paléoclimatiques et paléontologiques qui lui firent prendre en considération le problème des translations pour finalement l'étendre à toute la Terre. Pour Wegener, la rétraction initiale d'une croûte sialique continue provoque la formation des montagnes précambriennes et primaires, et conduit, au Carbonifère, à un continent unique simplement entamé par des mers épicontinentales qui flotte, tel un radeau, sur le Sima supposé plus dense et visqueux. Autour de ce monobloc s'étend un océan unique dont le fond est constitué essentiellement de Sima. (fig. 179)

Le sens des translations est double : vers l'équateur d'une part, dû principalement à la force centrifuge, et vers l'ouest, d'autre part, en sens inverse de la rotation terrestre, et dû à l'action retardatrice des marées.

Ainsi dès le Jurassique, l'Antarctide et l'Australie se détachent, suivant avec retard la progression vers l'ouest. L'Australie se déplace ensuite vers l'équateur abandonnant la Tasmanie et la Nouvelle-Zélande. Madagascar et l'Inde s'écartent de l'Afrique. L'Inde, en allant vers le nord, réduit la mer épicontinentale qui la séparait du bloc asiatique, ce qui provoque la surrection de l'Himalaya et des chaînes de l'Asie centrale. Le mouvement vers l'ouest de l'Amérique étant plus rapide que celui de l'Ancien Monde, le fossé atlantique se creuse.

Mais le Sima pacifique n'est pas sans opposer une résistance à cette progression : il en résulte les chaînes liminaires de l'Ouest américain, Andes et Rocheuses (effet de « proue » d'Argand). L'Amérique du Nord, plus massive, avance plus vite que l'Amérique du Sud, dont la pointe rétrécie prend de plus en plus de retard, d'où la courbure vers l'est de la Terre de Feu et même le « lâcher » des îles Falkland (effet de « poupe »).

Fervent wegenérien, Argand, géologue suisse, s'attache moins à expliquer la dérive des continents qu'à expliciter à sa faveur la genèse des chaînes de montagnes, celle des Alpes en particulier. Pour lui, les poussées tangentielles, les seules qu'il admettait, pouvaient être un facteur d'orogenèse.

Mais tous les postulats admis par Wegener ne peuvent être acceptés sans restrictions et, si le *mobilisme* suggéré par Argand joue certainement un rôle dans l'orogenèse, la dérive généralisée des continents a été remise en selle... »

DISPOSITIF SÉMIOTIQUE

Texte de vulgarisation : *Scientific American* (n° hors série, nov. 1977) - texte (code linguistique) + schémas (code iconique) + commentaire du schéma (code linguistique + modifications typographiques).

« Au moment où Wegener élaborait son hypothèse sur la dérive des continents, une nouvelle thèse vint modifier les notions traditionnelles : selon cette thèse, les mouvements verticaux de l'écorce seraient régis par le principe d'isostasie : les différents éléments de l'écorce terrestre de maintiendraient en équilibre hydrodynamique relatif : les continents, moins denses que la couche sous-jacente, flotteraient au-dessus du fond océanique.

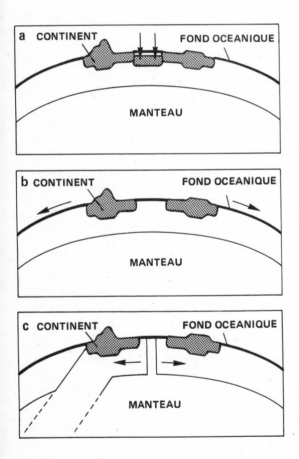

Fig. 3. — LA THÉORIE DE LA STRUCTURE DU GLOBE, admise par la plupart des géologues au début du XXe siècle, a été contestée par Wegener. Selon la conception traditionnelle (1), les continents étaient latéralement immobiles. Certaines acceptaient le mouvement vertical de l'écorce, entraînant un naufrage des continents ; ces mouvements violaient le principe d'isostasie selon lequel les continents flottent en équilibre hydrodynamique sur un substrat d'une matière plus dense. Dans l'hypothèse de Wegener (b), les continents se déplacent à travers la couche inférieure, qui agit comme un fluide visqueux. Il suggère que les continents sont mus par des forces liées à la rotation de la Terre, mais cette idée est rapidement réfutée. Selon la théorie moderne (c), les continents sont transportés comme des passagers par des plaques rigides. Les plaques sont réparées et repoussées là où la matière du manteau jaillit pour former un nouveau fond océanique.

55

Ce modèle d'une Terre qui se serait contractée ne satisfaisait pas Wegener, qui y releva des erreurs et des contradictions. De plus, à moins de les considérer comme le fruit du hasard, de nombreuses caractéristiques de la surface terrestre restaient inexpliquées. La plus évidente était la complémentarité des contours côtiers de l'Afrique et de l'Amérique du Sud. (Pour mettre en évidence cette complémentarité, Wegener suivit non pas le tracé côtier, mais la bordure de la plate-forme continentale qui constitue une limite plus significative. C'est ainsi qu'on procède dans les reconstitutions modernes). La répartition des chaînes montagneuses, principalement confinées dans des ceintures étroites et curvilignes, constituait une autre anomalie, relevée par Wegener : si ces chaînes montagneuses avaient été produites par la contraction du globe, elles auraient été uniformément réparties à sa surface, comme les rides sur une pomme.

Sur la base d'une analyse statistique de la topographie du globe, Wegener décela une autre anomalie : des relevés effectués à diverses altitudes et à diverses profondeurs océaniques montraient que la plus grande partie de la croûte terrestre se trouvait à deux niveaux distincts : un premier niveau qui formait la surface des continents et un second qui constituait le lit abyssal de la mer (voir figures 6 et 7). Cette répartition correspond bien à une croûte formée de deux couches : une couche supérieure composée de roches légères comme le granit et une couche inférieure composée de basalte, de gabbro ou de péridotite constituant le fond océanique. Cette interprétation est confirmée par les variations locales de la constante de gravitation terrestre. Une telle répartition à deux pics est incompatible avec un modèle de l'écorce terrestre où le relief serait le résultat de soulèvements et d'affaissements fortuits : la répartition des exhaussssements serait alors gaussienne (en forme de cloche) autour d'un niveau moyen unique. »

Le parcours de lecture dans le second texte sera plus complexe, moins linéaire que dans le premier, puisque le lecteur ira du texte à l'image, de l'image à sa légende, retournera à l'image, puis repartira vers le texte, etc.

L'auteur du document 2 est parti du principe qu'un exposé purement verbal de la question risquerait de lasser l'attention du lecteur, pourrait laisser planer quelque ambiguïté sur tel ou tel point, ambiguïté que le schéma aidera à dissiper rapidement. D'autre part, en variant la nature des signaux, on soulage l'effort d'attention, on met en œuvre des modes de compréhension différents et complémentaires. Il s'agit de dispositifs d'accompagnement de l'information principale, de procédés de réactivation du sens, destinés à maintenir intact le potentiel sémantique du texte quelles que soient les conditions de sa lecture.

Mais on peut estimer, inversement, et c'est bien là l'opinion des scientifiques à l'égard du discours de vulgarisation (1), que de tels modes d'agir dispersent en définitive l'attention du lecteur, et l'empêchent de se concentrer, de réfléchir sur certains points importants. Ces dispositifs de facilitation de la lecture détermineraient alors des conduites de lecture superficielles.

(1) Voir plus loin p. 105.

Textes et représentation graphique

L'aire de la page pourra donc comprendre des éléments scripturaux, iconiques, idéogrammatiques (formules de mathématique, de physique, de chimie. . .) qui sont tous chargés, selon des modalités diverses, de faire passer la même information. Il faudra aussi y ajouter les systèmes de représentation graphique.

L'information peut en effet être présentée par des graphiques, qui constituent des systèmes de visualisation de données informationnelles quantifiables. Nous ne développerons pas ici les problèmes relatifs au langage graphique (1), nous signalerons simplement qu'il donne actuellement lieu à deux types de traitement.

D'une part (cf. p. 54), les systèmes de représentation s'adressant à des lecteurs non spécialistes de la question. Il s'agit ici de problèmes économiques. Les données seront doublement représentées : par les courbes telles qu'elles sont habituellement utilisées pour exprimer l'aspect quantitatif des données, mais cette même information est redoublée, soit par le dessin ou la photographie qui sert d'arrière-plan à la courbe (doc. 4 portant sur la vente de vêtements masculins français outre Atlantique), soit par représentation directe dans le système des courbes ou dans les histogrammes des éléments quantifiés : la paysan portant le sac sur le dos dans le doc. 1, les bouteilles de champagne faisant sauter leur bouchon et indiquant ainsi la production maximale atteinte dans le doc. 2, l'information pouvant par ces procédés être ainsi codée quatre fois :

— par le graphique lui-même ;
— par la visualisation des éléments traités graphiquement ;
— par la légende du graphique ;
— par le texte lui-même.

La multiplicité des codes renforcera la sécurité dans la transmission de l'information. A cet aspect proprement fonctionnel du système graphique, il faudrait aussi ajouter son aspect symbolique (graphique est synonyme de rigueur scientifique) et esthétique (certains graphiques ayant à la limite valeur pour eux-mêmes).

On opposera à ce traitement de l'information les graphiques tels qu'ils apparaissent dans les revues ou ouvrages spécialisés (cf. p. 55) qui sont infiniment plus dépouillés, à la limite de l'abstraction, et qui entrent avec le texte dans un rapport de complémentarité plus que de redondance. Ils feront, de la part du lecteur, l'objet d'un examen attentif, car c'est là que se concentreront les éléments d'information les plus importants du texte (2).

---

(1) Sur cette question, on se reportera aux ouvrages fondamentaux de Jacques BERTIN, *La sémiologie graphique,* Paris, Mouton, 1976 ; ibid. *La graphique et le traitement graphique de l'information,* Paris, éd. Flammarion, 1977. Pour une exploitation pédagogique, lire François MARIET, *Pour une pédagogie de la sémiologie graphique* in *Le Français dans le Monde* n° 137, mai, juin 1978.

(2) Cf. plus loin p. 117 à propos de la lecture des textes scientifiques.

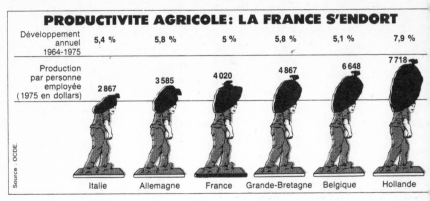

PRODUCTIVITE AGRICOLE: LA FRANCE S'ENDORT

	Italie	Allemagne	France	Grande-Bretagne	Belgique	Hollande
Développement annuel 1964-1975	5,4 %	5,8 %	5 %	5,8 %	5,1 %	7,9 %
Production par personne employée (1975 en dollars)	2 867	3 585	4 020	4 867	6 648	7 718

Source : OCDE.

1. *Le Nouvel Economiste* n° 129, 24/4/78

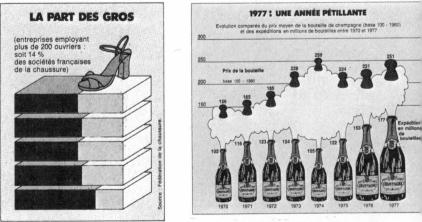

LA PART DES GROS

(entreprises employant plus de 200 ouvriers : soit 14 % des sociétés françaises de la chaussure)

Source : Fédération de la chaussure.

2. *Le Nouvel Economiste* n° 128, 14/4/78.

1977 : UNE ANNÉE PÉTILLANTE

Evolution comparée du prix moyen de la bouteille de champagne (base 100 - 1960) et des expéditions en millions de bouteilles entre 1970 et 1977

Prix de la bouteille
base 100 - 1960

Expédition en millions de bouteilles

	1970	1971	1972	1973	1974	1975	1976	1977
Prix	156	165	185	228	259	224	231	251
Expéditions	102	116	123	124	105	122	153	177

3. *Le Nouvel Economiste* n° 128.

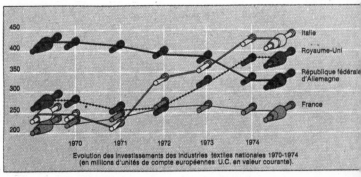

Italie
Royaume-Uni
République fédérale d'Allemagne
France

Evolution des investissements des industries textiles nationales 1970-1974 (en millions d'unités de compte européennes U.C. en valeur courante).

4. *Le Nouvel Economiste* n° 128.

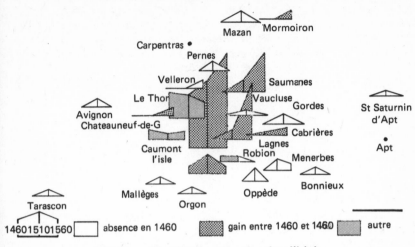

Résidence des débiteurs des créanciers l'islois

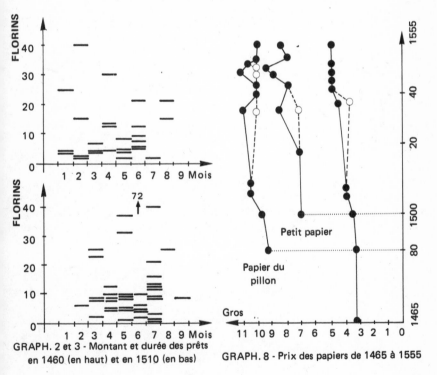

GRAPH. 2 et 3 - Montant et durée des prêts en 1460 (en haut) et en 1510 (en bas)

GRAPH. 8 - Prix des papiers de 1465 à 1555

On le voit mieux maintenant, le message écrit, le texte, ne saurait se réduire à son seul aspect verbal. Trop souvent, en effet, la sémiotique des textes se limite à une sémiotique du linguistique qui ne rend que très imparfaitement compte de leur fonctionnement véritable. Le document-texte est dans bien des cas un système pluri-codé, dans lequel l'information à transmettre subira différentes sortes de traitement qui visent tous :

— à conférer au texte un degré supérieur de lisibilité ;
— à proposer au lecteur différentes « entrées » possibles dans le texte. On pourra commencer par l'image, par le texte lui-même, par le dispositif typographique etc., tous ces systèmes convergeant vers le même sens.

Il serait regrettable de ne pas exploiter ces données dans une pédagogie de la lecture.

Remarques pédagogiques

Dans un ouvrage traitant de la perception des œuvres picturales, Pierre Francastel écrivait : « Une œuvre peinte n'est jamais stable. La plupart des œuvres que nous étudions ont changé non seulement en elles-mêmes, mais aussi dans leur présentation. Elles avaient un cadre, même lorsqu'elles n'étaient pas attachées au mur, elles ont été conçues pour un entourage. Les hommes qui les ont possédées les ont choisies parce qu'elles contribuaient, dans une ambiance déterminée, à former autour d'eux un système de représentation et de références. » (Francastel, 1967).

C'est très exactement poser le problème du traitement des textes dans les différents manuels et recueils de morceaux choisis mis à la disposition des élèves. Comment prétendre, en effet, saisir l'objet-texte en dehors du contexte pour lequel il avait été initialement conçu ?

L'extension du champ d'investigation des textes conduit de plus en plus d'enseignants à introduire dans la classe les discours non-littéraires — textes publicitaires, bandes dessinées, textes de presse, etc. — On assiste alors à l'apparition sur le marché du livre scolaire de recueils constitués exclusivement de textes de presse, par exemple. Il faut bien entendu encourager, sur le plan des principes, de telles tentatives, qui relèvent d'une vision plus élargie et plus authentique de l'usage qui se fait de la langue. Mais il faut formuler les plus vives réserves quant à la manière dont ces textes sont présentés. On procède en effet dans tous les cas à une véritable « toilette du texte » (Kuentz, 1972), ce qui a pour conséquence :

— de modifier le dispositif sémiotique du texte, par effacement du système typographique d'origine et des images, graphiques, schémas, susceptibles d'accompagner le texte ;
— d'élever artificiellement le seuil d'originalité du texte, d'accroître dans les mêmes proportions le degré d'incertitude initial du lecteur et de rendre inutilement la lecture plus difficile.

Le texte extrait est en effet surgissement, c'est-à-dire qu'il apparaît en dehors de tout environnement susceptible de justifier son existence, et rend ainsi l'acte de lecture profondément arbitraire, au contraire de la lecture ordinaire, qui est toujours motivée.

Le texte est normalisé, c'est-à-dire imprimé selon des procédés typographiques identiques pour tous les textes du recueil, alors qu'il avait été initialement disposé en tenant compte de son lieu effectif d'apparition. Cette opération d'extraction et de normalisation aboutit à faire disparaître du texte certaines composantes sémiotiques indispensables à son bon fonctionnement, et lui confère une étrangeté qu'il n'avait pas au départ. Les possibilités de prédiction du lecteur se trouvent ainsi considérablement amenuisées, voire annulées, ce qui peut entraîner une réaction de démotivation.

Il serait souhaitable, et les techniques actuelles de reproduction nous le permettent, de travailler sur les textes dans leur forme et dans leur présentation initiales, grâce à la reprographie, au rétroprojecteur ou à l'épidiascope. Concernant les textes de presse plus particulièrement, on est en droit de s'interroger sur la validité d'une démarche qui consiste à les regrouper dans un recueil. C'est manifestement privilégier un contenu particulièrement périssable. Ecrits pour être lus dans l'instant, ces textes vieillissent vite. Réaménagés typographiquement, ils deviennent quasiment illisibles, sauf peut-être pour l'historien ou le sociologue. Privé de ses indicateurs sémiologiques, le texte de presse devient un continuum linguistique amorphe, inapte à générer le sens.

Il faut d'autre part signaler qu'avec un public d'élèves étrangers, c'est-à-dire de lecteurs pour lesquels le problème de décodage des signifiés se pose avec infiniment plus d'acuité qu'avec des lecteurs de langue maternelle, le dispositif sémiotique d'ensemble dans sa version originale peut constituer une aide précieuse pour « entrer » dans le texte et aider les élèves à inférer le sens, sans disposer forcément de la compétence linguistique théoriquement requise. On évite ainsi l'écueil d'une lecture « hypologographique » (Escarpit, 1973), c'est-à-dire d'un déchiffrement au mot à mot où finit par se dissoudre le sens, l'activité de perception verbale prenant le pas sur l'appréhension du sens (1).

Réclamer une utilisation des textes dans leur présentation véritable n'est pas un luxe de pédagogue en quête d'une authenticité plus ou moins nécessaire, c'est manifester une exigence pédagogique minimale, dictée par l'analyse rigoureuse de l'acte de lire. On ne saurait en effet apprendre à lire à partir de reproductions erronées de textes.

(1) Consulter à ce sujet Sophie MOIRAND, *Analyse de textes écrits et apprentissage « grammatical »* in *Etudes de Linguistique appliquée* n° 25, 1977 ; ibid. *Approche globale des textes écrits* in *Etudes de Linguistiques appliquée* n° 23, 1976 et Sophie MOIRAND, *Les textes aussi sont des images. . .* in *Le Français dans le Monde* n° 137, mai - juin 1978.

INTERTEXTUALITÉ, NORME ET LISIBILITÉ

Par la pratique des textes qu'elle a instaurée, l'école a longtemps donné de la lecture une image particulièrement trompeuse. Travaillant de façon quasi exclusive sur des morceaux choisis, l'école a constamment confronté l'élève à des textes à chaque fois nouveaux – par leur genre, leur thématique, leur structure... –, surgis d'horizons culturels que seul le professeur était à même de percevoir. Elle développait ainsi une pratique de la lecture-découverte auprès de lecteurs qui se voyaient contraints, pour chaque nouvelle lecture, de pénétrer dans un espace-texte inconnu.

A ceci est venu s'ajouter, par une conjonction fortuite, le fait que la critique formelle, soucieuse de renouveler l'approche des œuvres en excluant tout ce qui n'était pas le texte (histoire littéraire, biographie de l'auteur, considérations sociologiques, psychanalytiques, etc.), s'est cantonnée dans une vision immanente de l'œuvre, laissant ainsi entendre que l'accès au texte ne requérait aucune expérience textuelle particulière, ni ne nécessitait une quelconque articulation du texte par rapport à l'œuvre ou au système littéraire duquel il était extrait.

Ceci explique d'ailleurs l'espoir que fondèrent un certain nombre d'enseignants dans les méthodes de lecture issues de la critique formalisante. Face à des élèves ignorant tout ou presque de l'Histoire tout court comme de l'histoire littéraire, et ne disposant que d'une expérience réduite des textes, il parut à certains enseignants qu'une étude immanente des œuvres permettrait de faire l'économie d'une « mise en lecture » d'autant plus coûteuse qu'elle concernait un public scolaire se situant délibérément en dehors du champ culturel traditionnel que constituait la littérature et son histoire.

C'était entretenir l'illusion qu'il peut exister une lecture naïve des textes, oubliant que tout regard posé sur un texte est un regard structuré, informé, sans lequel l'œuvre serait imperceptible, irrecevable. Comme le remarque fort justement Claude Duchet (1971) : « Il n'y a pas de textes « purs ». » Ils n'existent qu'en rapport avec d'autres textes antérieurement produits, en conformité ou en opposition avec un schème textuel préexistant, mais en relation avec eux tout de même.

N'est lisible que le déjà-lu, que ce qui peut s'inscrire dans une structure d'entendement élaborée à partir d'une pratique et d'une reconnaissance de fonctionnements textuels, acquises par le contact avec de longues séries de textes. Laurent Jenny précise (1976): « Hors système l'œuvre est impensable. Sa perception suppose une compétence dans le déchiffrage du langage littéraire qui ne saurait être acquise que dans la pratique d'une multiplicité de textes : du côté du décodeur la virginité est tout aussi inconcevable. » C'est affirmer ici l'importance du phénomène de l'intertexualité comme facteur essentiel de la lisibilité du texte littéraire, et nous ajouterons même de tous les autres textes. Le texte n'est plus envisagé dans ses seuls rapports avec un référent extra-textuel, mais d'abord dans la relation établie avec les autres textes. Roland Barthes ajoute (1974) : « Le texte redistribue la langue. L'une des voies de cette déconstruction est de permuter des textes, des lambeaux de texte qui ont existé ou existent autour du texte considéré et finalement en lui ; tout texte est un intertexte ; d'autres textes sont présents en lui, à des niveaux variables, sous des formes plus ou moins reconnaissables. »

Le phénomène est particulièrement évident en littérature, lieu par excellence de ce que Julia Kristeva appelle le « dialogue textuel ». Songeons que pendant des siècles la littérature française, pour ne prendre qu'elle, fut un système d'échange intertextuel particulièrement actif avec la littérature grecque et latine et que, pour le lecteur d'autrefois, qui avait généralement fait ses humanités, lire tel poème de Ronsard revenait à lire simultanément tel passage de Virgile, d'Horace ou de Pindare. L'intertextualité définissait ainsi une sorte d'horizon d'attente, sur lequel venait s'inscrire et prendre sens le texte nouveau.

Nous ne développerons pas ici toutes les formes que peut prendre le travail intertextuel, ni son niveau de fonctionnement. Il peut concerner un genre tout entier − par exemple le rapport du roman de chevalerie au roman picaresque −, comme ne s'appliquer qu'à un simple passage, sous la forme d'une brève allusion, ou d'une simple réminiscence (1).

Retenons simplement ceci. Sera lisible dans une perspective intertextuelle :

− tout texte qui, dans son fonctionnement, obéit à des lois, codes ou conventions définis par le *texte général* ou *l'arché-texte,* c'est-à-dire tout ce qui constitue un genre. Comme le rappelait Hans-Robert Jauss (1970) : « Toute œuvre littéraire appartient à un genre, ce qui revient à affirmer purement et simplement que toute œuvre suppose l'horizon d'une attente, c'est-à-dire d'un ensemble de règles préexistant pour orienter la compréhension du lecteur et lui permettre une réception appréciative. » Pour cette raison, les œuvres les plus lisibles, les plus accessibles, c'est-à-dire celles qui s'adressent à un public peu cultivé et qui constituent ce que certains appellent avec mépris la sous-littérature − romans-photos, bandes dessinées, romans policiers, romans feuilletons, etc. − seront celles qui se conformeront le plus aux canons du genre.

(1) On se reportera essentiellement au n° 27 de la revue *Poétique* (1976), *Intertextualités,* en s'attachant plus particulièrement à l'article de Laurent Jenny, *La stratégie de la forme.* Dans l'ouvrage de Jean RICARDOU, *Pour une théorie du nouveau roman,* Paris, Le Seuil, 1971, on lira le passage *Problèmes de la similitude,* p. 159, 167. On trouvera aussi une première définition du phénomène dans Julia KRISTEVA, *Le texte du roman,* La Haye, éd. Mouton 1970.

Il ne faudra pas voir dans ce respect exhibé des règles du genre, les stéréotypes, une quelconque marque d'infériorité esthétique, mais le souci qu'a l'auteur de rendre son texte lisible, recevable, par des lecteurs dont les facultés de prédiction et d'interprétation sont relativement limitées. Inversement, sera illisible l'œuvre qui subvertit délibérement les conventions admises du genre, ce que faisait par exemple la poésie surréaliste pour les lecteurs de Sully Prudhomme ou d'Eugène Manuel, ou même les romans de Marcel Proust pour les lecteurs de Paul Bourget ou d'Henry Bordeaux. Reconnaître un genre, c'est pouvoir régler sa lecture sur un système d'attente, l'inscrire dans une trajectoire prévisible, cette reconnaissance s'opérant à partir du repérage d'un certain nombre de signaux d'ouverture ;

— tout texte qui, par la relation qu'il établit avec les textes antérieurs ou le texte général, dissémine en lui des fragments de sens déjà connus du lecteur, depuis la citation directe jusqu'à la réécriture la plus élaborée. Lire revient ici à percevoir ce travail de manipulation entrepris sur les textes originaux et à l'interpréter.

Notons au passage que ce phénomène n'est pas propre au texte littéraire. Il se manifeste avec la même intensité dans le discours scientifique, où l'abondant appareil de notes, de références bibliographiques, de citations, signale le texte lu comme le lieu de circulation d'une infinité de sens en provenance de sources textuelles diverses (1). La citation comme la référence bibliographique ont pour fonction de renforcer avec le lecteur la communauté de répertoire, d'établir une sorte de connivence, d'ancrer le discours nouvellement produit dans le discours scientifique général, tel qu'il circule dans la communauté de lecteurs à laquelle on s'adresse.

La pratique intertextuelle se retrouve aussi dans le discours politique, qui ne cesse de renvoyer à un déjà-dit ou à un dire possible de l'adversaire. Comme le rappelle Louis Guespin (1971) : « Les énoncés politiques (...) proposent généralement diverses écritures d'un même discours déjà tenu ; il s'agit généralement d'énoncés sur énoncés ; ainsi le problème de la situation est-il réduit au minimum ; la situation étant un précédent discours, elle est déjà linguistique. » Il s'y produit une sorte de contamination discursive, chaque adversaire se situant par rapport au discours de l'autre. C'est d'ailleurs pourquoi les analyses de discours politique à entrées lexicales, comme il s'en fait parfois à l'issue de telle ou telle campagne électorale, sont dépourvues de tout intérêt, dans la mesure où elles ne prennent pas en compte le fait intertextuel et attribuent à tel sujet énonciateur des termes qui relèvent du discours rapporté, c'est-à-dire du propos de l'autre. C'est aussi la raison pour laquelle il est souvent difficile et de peu d'intérêt, pour le non-spécialiste, de lire des recueils de discours politiques dans la mesure où l'on ne dispose pas des données du discours politique global, tel qu'il se tenait à l'époque.

(1) Voir plus loin, p. 115.

Un texte sera donc lisible, d'une part parce qu'il fonctionne selon des lois, des schémas, dont dispose déjà le lecteur : « Car le lecteur à lu, depuis toujours, chaque signe déclenche un souvenir et rentre dans le cadre d'une longue expérience : le roman est su avant d'être parcouru. » (Grivel, 1973), et de l'autre, parce qu'il se propose comme réécriture d'autres textes, prenant ainsi en compte l'expérience antérieure du lecteur.

Lisible enfin sera le texte par rapport à une *norme* ou à une certaine conception du *vraisemblable*. On sait l'extrême vivacité de certaines querelles, au XVIIe siècle notamment, sur le problème de la vraisemblance. Leur objet, à première vue, semble assez anodin, et ne pas devoir mériter l'attention que l'on a pu lui accorder à certaines époques. En fait, c'est tout le problème de la lisibilité des œuvres qui se trouvait ainsi mis en cause. En effet : « Le récit vraisemblable est (...) un récit dont les actions répondent, comme autant d'applications ou de cas particuliers, à un corps de maximes reçues comme vraies par le public auquel il s'adresse ; mais ces maximes, du fait même qu'elles sont admises, restent le plus souvent implicites. » (Genette, 1968). D'où l'extrême prévisibilité d'un personnage vraisemblable dans son comportement, dans son attitude, d'une action vraisemblable dans son organisation et son déroulement. Norme et vraisemblable fonctionnent comme un système idéologique partagé par le scripteur et le lecteur, et permettent de représenter et d'interpréter le monde de façon identique. Une œuvre vraisemblable sera donc une œuvre à propos de laquelle il sera aisé pour le lecteur de formuler des hypothèses interprétatives, qui abaissera dans de notables proportions son niveau d'incertitude initial, une lecture aisée à entreprendre. D'où, inversement, la difficulté que présente la lecture d'œuvres du passé ou en provenance d'autres systèmes culturels, pour un lecteur qui ne partage pas cet implicite idéologique.

C'est d'ailleurs pourquoi la critique universitaire traditionnelle n'avait pas entièrement tort de s'alarmer quand elle vit la critique formaliste et structuraliste rejeter par-dessus bord l'appareil d'interprétation biographique, historique, philologique ou sociologique, pour ne prendre que quelques exemples. Une étude purement interne de l'œuvre ne pourra jamais que constater un certain état du texte, mais nullement l'expliquer et encore moins le donner ainsi à lire. C'est omettre le fait que, dans son fonctionnement, le texte obéit aussi à des règles qui ne relèvent pas de la seule cohérence textuelle interne, mais des conditions extra-textuelles d'énonciation (le code vraisemblable, par exemple), et qu'en tout état de cause, il est extrêmement difficile de percevoir le sens d'une œuvre sans un minimum de connaissances historiques sur les conditions de son apparition (1).

Lire n'est plus cette entrée dans des espaces inconnus, comme une certaine tradition l'a laissé entendre, c'est plus prosaïquement la recherche d'une confirmation, la mise en place quasi automatique de protocoles de lecture déjà

(1) Relire à ce sujet l'excellent article de Georges MOUNIN, *La notion de situation en linguistique et en poésie* in *La Communication Poétique*, Paris, éd. Gallimard, 1969, coll. *Les Essais*.

constitués, en présence de textes déjà répertoriés et identifiables par le lecteur dès la réception des premiers signaux d'ouverture : titre, couverture, format, typographie, nom de l'éditeur...

Remarques pédagogiques

Tout ceci devrait nous amener à poser le problème de la lecture dans ses rapports avec l'élève, et non plus seulement avec le texte. Cela n'est certes pas aisé à résoudre, dans la mesure où l'on voit mal a priori comment faire entrer l'élève dans le « cercle vicieux » de la lecture, puisque pour être capable de lire, il faut déjà avoir lu.

En fait, la pédagogie de la lecture, lorsqu'elle développe la pratique de la lecture-découverte, se fonde sur le principe que l'enfant est « neuf » à son arrivée en classe, et qu'il ne dispose d'aucune expérience, d'aucun savoir antérieurs exploitables.

Si l'on réfléchit bien, on s'aperçoit cependant que l'enfant, même lorsqu'il est issu de milieux socio-culturels dits défavorisés, c'est-à-dire peu marqués par les traditions de la culture savante, dispose déjà d'une expérience imparfaite certes du déchiffrement des messages, mais expérience tout de même, qu'il aura induite de la pratique des bandes dessinées, des feuilletons télévisés, des messages publicitaires divers, voire des récits qui ont pu lui être racontés. Il dispose donc d'un certain nombre de catégories interprétatives – une sorte de compétence spontanée de lecture – qui ne relèvent pas forcément du domaine verbal, mais qui sont susceptibles de s'y appliquer, à condition que l'enseignant veuille bien les exploiter.

Apprendre à lire consistera alors à savoir stabiliser, structurer ces catégories interprétatives, les améliorer, les affiner, voire les modifier quand cela s'avérera nécessaire, à exploiter les dispositifs de décodage déjà présents dans l'esprit de l'enfant. Il est évident que plus l'enfant ira en grandissant, plus il disposera d'éléments de référence, et plus son expérience intertextuelle sera grande, quand bien même elle ne serait constituée que de bandes dessinées, de romans-photos ou de feuilletons télévisés. Il y a là des schèmes textuels susceptibles d'être transférés à d'autres domaines de la lecture, les textes nouveaux étant systématiquement rattachés à des textes antérieurs lus, ou à des systèmes sémiotiques non verbaux, si l'élève n'a pas encore l'expérience de la lecture des textes.

La question se posera avec encore plus d'acuité si l'on s'adresse à des élèves de langue étrangère. L'expérience intertextuelle n'est pas identique dans toutes les cultures et dans toutes les civilisations. Il est bien évident que l'élève maghrébin ou africain, confronté directement à un texte « occidental », aura du mal à y entrer, faute de pouvoir utiliser ses propres grilles. En fait, l'écart n'est pas souvent aussi important qu'il peut apparaître, encore faut-il songer à faire surgir à la claire conscience de l'enfant ces dispositifs d'interprétation spontanée, les améliorer, lui apprendre à les utiliser.

COHÉRENCE ET STABILITÉ

Parmi les traits qui définissent la lisibilité du texte, il faut accorder une place particulière à l'ensemble des procédures linguistiques et discursives qui fondent la stabilité et l'homogénéité du texte.

C'est là un facteur auquel il est généralement peu prêté attention, dans la mesure où l'évidence et l'efficacité du procédé en masquent l'existence.

Un texte sous sa forme matérielle est un continuum de mots, qui peut atteindre des dimensions parfois considérables. Compte tenu des dispositifs typographiques généralement adoptés et de l'économie générale du livre moderne (1), ces mots sont regroupés en lignes, disposées elles-mêmes les unes en dessous des autres, et réparties en masses plus ou moins importantes, plus ou moins denses, délimitées par les dimensions de la page sur laquelle elles sont imprimées. Cet empilement de pages constitue un bloc de forme généralement parallélépipédique et de volume variable. A l'état de repos, c'est-à-dire de non-lecture, le texte/livre est *compressé et invisible*. Le voir exige qu'on le feuillette, mais aussi rapide que puisse être le geste, il ne saurait, en aucun cas, autoriser une appréhension globale, c'est-à-dire totale et simultanée du texte (à l'exception de certains textes courts et « autonomes », poèmes, textes publicitaires, articles de journaux, etc.). Il ne peut y avoir appréhension globale du texte, comme il y a appréhension de l'image. Chaque page tournée est rejetée dans le passé de la lecture, de nouveaux énoncés, d'autres pages venant s'interposer entre elle et le lecteur. Devant une photographie, en présence d'un tableau, je peux, comme l'indique l'expression consacrée, « embrasser d'un seul regard » la surface de la toile ou de la pellicule. Je ne pourrai jamais avoir d'un texte qu'une vue restreinte (2).

Dans le champ visuel de l'œil ne peuvent s'inscrire, nous l'avons vu, qu'un nombre restreint de mots, une dizaine au maximum. Imaginons alors que nous nous trouvions en présence d'un texte de grande longueur — un livre de 500 pages par exemple —. Nous venons de le lire et nous pouvons raisonnablement affirmer que nous l'avons compris, c'est-à-dire que nous avons cheminé parmi des milliers de phrases, que nous avons perçu des centaines de milliers de mots, alors même qu'ils n'ont jamais pu être appréhendés que fragmentairement.

(1) Voir précédemment p. 18.

(2) Concernant l'image, il convient, bien entendu, de nuancer le propos. Elle n'est pas un bloc mais un système signifiant de signes iconiques. Il n'y a donc pas appréhension globale, mais exploration, sélection, réorganisation en fonction de la problématique de l'observateur. Toutefois, je peux « voir », dans sa totalité, d'un seul regard tel tableau de Raphaël ou de Braque ; il reste que je ne pourrai jamais, d'un seul regard, voir le texte de *A la recherche du temps perdu.*

Remarquons aussi qu'un texte de cette importance peut rarement être lu en une seule fois et que sa lecture sera très souvent distribuée sur plusieurs journées. Comment expliquer alors que le texte, dans sa continuité, ait pu se maintenir constamment présent à la surface de la mémoire, qu'il ait pu vaincre : « le processus d'enfouissement que suscite l'ordre successif des signes » ? (Ricardou, 1967).

Il faut donc admettre qu'il existe dans le texte, voué par nature à l'éparpillement, à la dispersion, des procédés de stabilisation et d'intégration des signes verbaux, grâce auxquels, au fil des pages, il nous est possible de suivre l'intrigue, d'affirmer que nous avons bien affaire à la même instance narrative, aux mêmes données de référence, de comprendre une démonstration, une démarche argumentative, procédés sans lesquels le texte ne serait plus qu'une succession de phrases isolées, autonomes, le texte étant défini comme : « une étendue finie de parole, unifiée du point de vue du contenu. » (Barthes, 1970).

Tout ceci implique donc, de la part du lecteur, un effort d'attention et de compréhension considérable, qui trouvera rapidement ses limites dans la saturation de la mémoire immédiate (1). S'il est admis que le lecteur a compris le texte, ce n'est certainement pas parce qu'il a pu en retenir tous les mots. Il faut donc distinguer l'appréhension du sens, de la perception verbale, et postuler qu'il existe, dans le texte, une série de dispositifs dont la fonction est de favoriser le travail d'appréhension du sens, et d'alléger l'effort de perception verbale, permettre : « de retenir partiellement les mots et intégralement le sens ». (Séleskovitch, 1975). C'est admettre dans le texte l'existence de lieux particuliers, l'ensemble des données déjà relevées, où se manifesteront éventuellement des signaux annonciateurs de séquences d'information à mettre en rapport avec le déjà-dit du texte, autrement dit tout un système de renvois et de projections disséminés dans le texte, à des niveaux différents d'organisation, et dont la fonction est de permettre au lecteur, dans le défilement continu des mots, de disposer de *pauses* durant lesquelles il transférera de la mémoire immédiate à la mémoire à long terme (mémoire sémantique) les données déjà indexées. Il se produit une sorte de mise en suspens de la lecture, de délinéarisation, par laquelle s'établit une conversion des modes de perception, les éléments du texte n'étant plus perçus dans leur successivité mais dans une quasi simultanéité.

Le texte doit être conçu comme un système doté d'une mémoire interne, qui permettra au lecteur de faire l'économie d'un effort de mémorisation intégrale des éléments verbaux, tout en les dotant d'un pouvoir de cohésion interne, ce qui signalera au lecteur, par un système de rappels et de projection, au-delà de la diversité du matériel linguistique utilisé, l'existence d'un référent stable et d'un discours cohérent. Il doit donc exister un dispositif sémiotique, sans la perception et la connaissance duquel le texte serait pour le lecteur illisible.

Tout l'effort du scripteur consistera, compte tenu de la nature centrifuge du

(1) Voir plus haut p. 39.

texte, à maintenir une force de cohésion telle que les éléments sémantiques et linguistiques qui le constituent, généralement hétérogènes, puissent donner au texte cet unité de signification sans laquelle il n'existerait pas.

L'étude des deux textes qui suivent va nous permettre d'observer le fonctionnement de ce dispositif.

Texte 1 : Extrait du quotidien *Le Matin de Paris* (1/4/1978)

69

Texte 2 : Extrait d'un article paru dans l'hebdomadaire *Le Nouvel Economiste,* n° 120, 20 février 1978. (Faute de place, il ne nous sera pas possible de présenter ici des textes de grandes longueurs, où apparaissent, de façon plus nette, certains procédés de rappels).

— · — lien exophorique ———— lien anaphorique – – – lien cataphorique

Nous distinguerons dans ces deux textes trois sortes de signes :

— les signes qui renvoient à un en-deçà du texte, à une réalité non verbale, signes que nous qualifierons d'*exophoriques* pour reprendre une terminologie empruntée à Geneviève Golberg (1977, op. cit. p. 72), c'est-à-dire des signes qui ont pour fonction d'ancrer le texte dans un environnement non-verbal, tels que « la Seine », « Paris », « Seine-et-Marne », « Peugeot », « Gerald C. Meyers », ou bien tels que « ces derniers jours » ou « depuis deux semaines » dans le texte 1, qui renvoient au moment de l'énonciation, c'est-à-dire à la date à laquelle ce texte a été écrit. Cet ancrage du texte dans le hors-texte se fera aussi par le moyen du titre, qui va établir une double liaison :

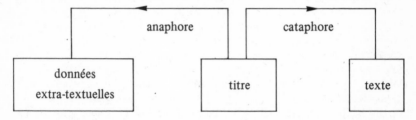

c'est-à-dire que dans le premier cas, il renvoie à un élément antérieur, ici non énoncé, mais présent dans l'esprit du lecteur, et dans le second annonce une suite, destinée à éclairer le caractère sémantiquement tronqué de l'énoncé-titre. Il s'agit de faire disparaître en quelque sorte toute solution de continuité entre l'environnement non-verbal du texte et son aspect proprement verbal. C'est une première manière de rendre le texte intelligible, en l'insérant dans un espace intellectuel signifiant. Ces signes à valeur exophorique seront très souvent des noms propres, mais peuvent être aussi des noms renvoyant à des notions ou des concepts déjà connus du lecteur. Ils se rapportent à l'univers de connaissances du lecteur (supposé du moins tel par le scripteur), et constituent un des aspects fondamentaux de la communauté de répertoire (1), sans laquelle il ne saurait exister de communication. Selon la nature des textes, on constatera que certains sont fortement tournés vers l'extérieur (cas du texte n° 1, qui abonde en noms géographiques et en termes de lieux), ce seront des *textes extravertis,* à forte valeur informationnelle, difficiles à lire si l'on ne dispose pas du système de référence. Qui est Peugeot ? Où se trouvent la Seine, la Marne, etc. ? Le titre comme rappel d'une information connue établit *une liaison anaphorique ;* comme annonce d'une information à venir dans le texte, il établira *une liaison cataphorique,* annulant ainsi l'effet d'arbitraire que revêt plus ou moins toute prise de parole. La première fonction des exophoriques sera donc de renvoyer à la situation, de définir l'aspect proprement référentiel du texte ;

— les signes qui renvoient au contexte et dont la fonction est de mieux intégrer les différents éléments linguistiques qui constituent le texte. On distin-

(1) Voir plus haut p. 11 et p. 44.

guera tout d'abord les signes qui renvoient à un déjà-dit du texte, *les anaphoriques.* Si l'on considère la phrase du texte 2 : « Au moment même où, par ailleurs, cette dernière société cherche d'urgence le partenaire capable de lui apporter une bouffée d'oxygène et de l'aider à stopper la chute de ses ventes. » Cette phrase n'est intelligible que par référence au contexte, c'est-à-dire si l'on sait que *cette dernière société* renvoie à *American Corp.,* les termes *l', lui, ses* renvoyant à leur tour à *cette société.* Il y a dans cette phrase une double liaison anaphorique qui a pour fonction de rattacher plus étroitement ces éléments d'information au noyau principal *American Corp.* Si l'on examine de près le système des renvois de ce texte, on constate qu'il y a une forte convergence autour de trois termes *PSA-Peugeot Citroën, discute* et *American Corp.* (cf. tableau p. 73). Le texte s'organise donc autour de ces trois pôles et constitue un texte fortement intégré, contenant peu d'exophoriques, à la différence du texte 1, *un texte introverti.* On notera aussi que ce système de renvois fonctionne non seulement autour de mots, mais peut aussi s'appliquer à un paragraphe entier. Ainsi, toujours dans le texte 2 : « sans démentir *les contacts exploratoires* avec Detroit... », l'expression soulignée renvoie à la totalité du paragraphe précédent, sert à récapituler, à condenser l'information déjà énoncée. De même, à la fin du texte, l'expression : « le naufrage » renvoie à une série de données exposées dans le premier paragraphe, rappelant ainsi au lecteur les données essentielles de sens du texte. Si on compare le texte 2 au texte 1, on remarquera que les liaisons anaphoriques y sont beaucoup plus nombreuses. Le texte 1 n'utilise pour ainsi dire pas de pronoms personnels, les phrases sont faiblement reliées entre elles. Si le texte est cohérent, c'est *par référence à la situation.* Il faut en effet connaître assez bien la géographie de la région parisienne pour parvenir à relier ces différentes données, à comprendre le texte. Le second texte, beaucoup plus *intégré,* d'une certaine manière plus difficile à lire, parce que plus dense, dénote de la part du scripteur un effort de réflexion plus approfondi, ainsi que d'explication. Les faits ne sont pas présentés à l'état brut, ils sont réordonnés, interprétés ;

— parmi les signes qui renvoient au contexte, on notera enfin ceux qui établissent une liaison avec des éléments à venir du texte, *les cataphoriques.* Dans les deux textes, ce rôle est essentiellement joué par les articles définis tels que *le, les, la.* Dans les segments suivants : « *Le* grand de l'automobile française... », « *les* affluents... », « *la* vente des... », l'article fonctionne ici comme indicateur d'une détermination à venir, il suscite une attente qui doit être comblée par la lecture de la suite du texte. Cette détermination peut être produite par un groupe introduit par *de,* par une relative, parfois sous-entendue : « *les* voies de berge (qui sont) inondées... » Cette fonction annonciatrice d'une précision à venir peut aussi être assumée par un groupe tel que : « Le grand de l'automobile française... » qui appelle « PSA Peugeot-Citroën » ou « Quelque peu stabilisée » qui appelle : « la crue de la Seine ». Lire consistera ainsi à faire converger autour des mots-clefs l'ensemble des termes du texte, selon un double mouvement, horizontal, recherche du dérou-

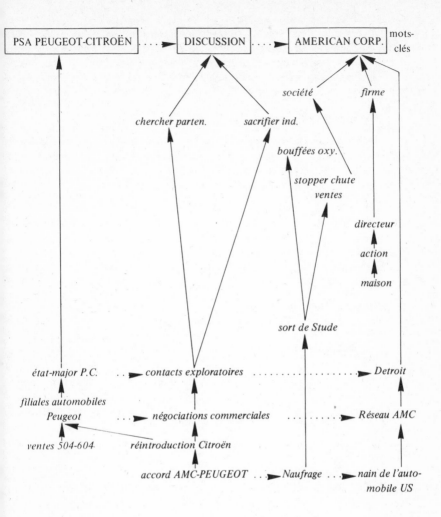

*Représentation du fonctionnement du texte **Peugeot et l'Américain malade** analysé p. 70.*

lement du texte, et vertical, en rattachant les termes nouvellement apparus aux mots-clés, la lecture verticale ne faisant que développer les éléments d'information déjà contenus dans les mots-clés. Les procédés sont multiples (1) et nous ne les envisagerons pas ici dans leur détail, ni n'entreprendrons de les classer. Comme les anaphoriques, ils fonctionnent au niveau de la phrase, mais aussi à une unité supérieure et peuvent annoncer le paragraphe suivant, voire un livre tout entier. On trouvera par exemple :

> « *Après un rapide rappel des conditions expérimentales, nous indiquerons* quelles sont les zones à explorer dans le réseau réciproque qui permettent une étude aussi précise et complète que possible des caractéristiques des ondes polarisées rectilignement et se propageant dans le cristal. »

> Gabriel Toussaint - Etude de la dynamique du réseau du cadmium à l'aide de la diffusion des rayons X à 88° K.

ou bien :

> « L'unité SI d'induction magnétique est le telsa (T) ; *nous verrons ultérieurement* qu'on la définit à partir de l'unité de flux d'induction. »

> (Physique - 1ère D - Ed. Nathan)

ou encore :

> « Lentement et gracieusement, les premiers choréphores s'éloigneront peu à peu et enfin disparaîtront dans les coulisses, laissant ainsi tout le devant de la scène à ce que nous sommes tentés d'appeler par une réminiscence féerique : la merveilleuse aventure de l'adolescente livre tournois. *Mais n'anticipons pas* et *arrêtons-nous un instant sur* cette apparition, dont le caractère singulier ne s'impose pas immédiatement à l'esprit. »

> (Edgar Faure - La banqueroute de Law, Ed. Gallimard).

en remarquant que pour le dernier texte, il y a deux cataphores, une à longue portée *mais n'anticipons pas*, qui annonce un chapitre à venir pour plus tard et *arrêtons-nous*, qui annonce la survenue immédiate d'un passage jugé important par l'auteur.

---

(1) Sur les problèmes de l'anaphore/cataphore, on pourra lire, pour une description du procédé : Michel MAILLARD *Anaphores et cataphores* in *Communications* n° 19, 1972 ; ibid. *Essai de typologie des substituts diaphoriques* in *Langue Française* n° 21, 1974. Pour une description des procédés anaphoriques dans les textes longs, on se reportera à Lidia LONZI *Anaphore et récit* in *Communications* n° 16, 1970. On pourra aussi consulter l'article de Geneviève GOLDBERG *Syntaxe et types d'énonciation* in *Langue Française* n° 35, 1977. Pour une application pédagogique, on lira Sophie MOIRAND *Le rôle anaphorique de la nominalisation dans la presse écrite* in *Langue Française* n° 28, 1975. Pour une analyse globale du problème de cohérence des textes, lire le n° 38 de *Langue Française, La cohérence des textes* mai 1978.

On peut aussi trouver parfois des expressions du type : « Cet incident fut le premier d'une longue série qui devait conduire notre héros à sa perte », qui annoncent ici non plus un paragraphe ou un chapitre mais l'œuvre entière dans son déroulement. La fonction des cataphoriques est donc de renforcer l'attente du lecteur, de la préciser, de réduire partiellement son incertitude, en un mot de rendre le texte lisible.

Ces différents procédés visent à assurer le suivi de la lecture et le continu du texte, ce qui au niveau du référent est divers, discontinu, hétérogène devient dans le texte cohérent, construit, lisible.

Il se manifeste donc dans le texte un ensemble de signes à fonction mnémotechnique, que le lecteur devra repérer et interpréter comme tels. On considérera :

— *les substituts diaphoriques* (Maillard, 1974, op. cit.), c'est-à-dire l'ensemble anaphore/cataphore (l'article défini indicateur d'une détermination, les pronoms personnels, les démonstratifs, adjectifs et pronoms, les possessifs, adjectifs et pronoms, les adverbes anaphoriques tels que : alors, ainsi, etc.) ;

— *les nominalisations* (Moirand, 1975, op. cit.), par exemple :
« Le diplôme de fin d'étude des IUT, le DUT (Diplôme Universitaire de Technologie) *a été reconnu* par les organisations patronales, a annoncé M. Soisson hier, après une rencontre avec le C.N.P.F. Cette mesure fait suite au mouvement des étudiants des IUT entrepris depuis janvier avec l'U.N.E.F., *la reconnaissance* du diplôme par les conventions collectives, c'était le mot d'ordre des coordinations, des assemblées, des manifestations et des grèves de ces derniers temps. » (*L'Humanité* 14/3/1975, cité par Sophie Moirand).

— *les hyperonymes, les parasynonymes* tels que « cette société », « la firme », « la maison », hyperonymes de « American Corp. » dans le texte précédemment étudié ou bien dans le passage suivant : « Le monochloréthylène, le dichloréthylène, le trichloréthylène sont des produits substituts de l'éthylène. Mais *de tels corps* ne sont jamais directement obtenus à partir de l'éthylène. » (*Manuel de chimie*, 1ère D, Nathan éd.). Il se constitue ainsi des chaînes de mots, *éthylène, gaz, corps* ou bien *Peugeot, constructeur automobile, société,* qui, disséminés dans le texte, renvoient en fait aux mêmes données, aux mêmes notions, et contribuent ainsi à homogénéiser le texte ;

— *les anaphores et cataphores discursives,* c'est-à-dire tous les procédés qui permettent d'enchaîner les différents épisodes, les différents moments d'une argumentation ou d'une démonstration. Dans le cadre du récit, on sera attentif à l'apparition de termes tels que : « à ce moment-là, ce jour-là, la veille, le lendemain, deux jours plus tard / après / auparavant, etc. » qui renvoient *au contexte.*

S'il apparaît bien que cette catégorie de signes a pour fonction d'organiser et de baliser le parcours de lecture, il sera alors essentiel, dans un programme d'apprentissage de la compréhension écrite, de focaliser l'attention de l'élève sur ces lieux du texte où se condense l'information, le sensibiliser donc au repérage des éléments anaphoriques et cataphoriques, en commençant par les plus simples (pronoms personnels, adjectifs possessifs, démonstratifs, etc.), en se situant au niveau de la phrase, puis en assurant le passage aux nominalisations (Moirand, 1975), aux hyperonymes, parasynonymes, qui renverront soit à un élément antécédent dans la phrase, soit à des éléments situés bien plus haut dans le texte. Même travail avec les cataphoriques, bien qu'ils soient moins nombreux au niveau transphrastique. On amènera ainsi l'élève, dans cette dissémination de signes qu'est le texte à première vue, à constituer des réseaux de significations qu'il pourra interpréter par la suite (cf. les textes analysés p. 69 et p. 70, et la représentation donnée en p. 73).

Dans le cadre de la lecture des textes longs, pour les romans par exemple, on s'intéressera plus particulièrement aux débuts de paragraphes et de chapitres, lieux où doivent se manifester les éléments d'ancrage du texte par rapport au déjà-écrit. Par exemple, si l'on considère les débuts de quelques chapitres de *Pot-Bouille* d'Emile Zola :

Ch. IX : « *Deux jours plus tard,* vers sept heures, comme Octave... »
Ch. X : « *Alors* Octave se trouva rapproché des Duveyrier. »
Ch. XI : « Lorsque *le lendemain* à huit heures, Octave descendit de sa chambre... »
Ch. XII : « *Un matin,* comme Berthe se trouvait justement chez sa mère... »
Ch. XIII : « *Depuis quelque temps,* M. Gourd rôdait d'un air de mystère... »
etc.

On pourrait alors comparer la nature de ces différents anaphoriques, s'interroger sur la nature de la liaison qu'ils établissent, temporelle, logique, rhétorique..., comparer les procédés utilisés dans les textes narratifs et dans les textes argumentatifs ou démonstratifs, ceux utilisés dans le roman traditionnel et dans le roman contemporain.

Dans la même perspective, on pourrait étudier le fonctionnement des procédés anaphoriques dans les débuts de roman, afin d'examiner comment l'auteur s'efforce ou parvient à donner l'illusion d'une continuité entre l'en-deçà du texte et le texte inauguré, comme dans le début de *Pot-Bouille* : « Rue Neuve-Saint-Augustin, un embarras de voitures arrêta le fiacre chargé de trois malles, qui amenait Octave de la gare de Lyon », où la relative renvoie à un épisode — le voyage d'Octave — antérieur au début du texte, annulant ainsi l'effet d'arbitraire que prend toute l'écriture qui s'annonce (1).

Ce sera percevoir dans le texte tous les procédés de construction de cohérence qui convertissent le discontinu du référent en continu du discours.

(1) Sur les incipit, voir Jacques DUBOIS *Surcodage et protocole de lecture dans le roman naturaliste,* in *Poétique* n° 16, 1973.

Métalangage et condensation

La communication écrite, nous l'avons vu au début de l'ouvrage, est une communication fragile, aléatoire, menacée. Le fait en outre que le scripteur ne puisse contrôler personnellement la réception du message multiplie les risques d'ambiguïté dans son interprération, alors qu'en communication orale en face à face, il est possible, à tout moment, d'intervenir pour préciser, rectifier, corriger. Il faut donc supposer que l'auteur du message, conscient du problème et soucieux d'être compris va mettre en place un dispositif dont la fonction sera, dans toute la mesure du possible, de « désambiguïser » le texte, c'est-à-dire d'en assurer la réception sans risque de malentendu majeur dans l'interprétation du message.

Il pourra recourir d'abord à ce que Patrice Charaudeau appelle : « les techniques métalinguistiques d'élucidation » (1973), c'est-à-dire l'ensemble des procédés de traduction intralinguistique par lesquels le scripteur éclairera, précisera le sens d'un terme ou d'un énoncé jugé ambigu. Ce seront :

— les définitions données dans les textes didactiques :

  • « de petites quantités d'électricité encore *appelées* charges électriques » ;
  • « *on dit que* ces corps *sont* de bons conducteurs de l'électricité *ou*, plus brièvement, des conducteurs » ;

— les métaphores dans les textes de vulgarisation scientifique (1) :

  • « une immense sorte d'asperge » pour *agave* (2) ;

— ou bien des opérateurs métalinguistiques s'appliquant à un paragraphe :

  • « Le vrai choix, estime un conseiller de l'Hôtel Matignon, est entre ces inconvénients. Avec la budgétisation, on aurait une pression fiscale accrue. Avec des cotisations assises sur la valeur ajoutée, on aurait un système plus inflationniste, se répercutant sur les prix. *En définitive,* il s'agit de faire payer le contribuable ou le consommateur » (*L'Express,* 17-23 avril 1978) ;

ou à un texte dans sa totalité :

  • « ... *En un mot,* l'ouverture peut consister non pas en ce que de nouveaux hommes entrent dans l'ancienne majorité, mais en ce que la nouvelle majorité agisse en sorte d'attirer de nouveaux hommes et de nouveaux talents. Elle en a d'ailleurs le plus grand besoin. » (*L'Express* ibid.) ;

ces séquences équationnelles étant souvent introduites par des expressions comme *en somme, autrement dit,* etc. A ces procédés il faut aussi ajouter l'usage d'autres codes, tel que l'image, qui ont pour fonction de répéter le texte, mais

(1) Voir plus loin p. 105.

(2) Voir précédemment p. 49.

aussi le titre, le sous-titre, la description dans un texte qui peut avoir pour rôle d'éclairer le sens d'un terme inconnu ou ambigu, une somme donc considérable de procédés qui peuvent d'ailleurs assurer des tâches autres que celle de simple élucidation du sens, mais qu'il est nécessaire d'envisager sous ce jour (1). Notons à ce propos que l'œuvre métalinguistique par excellence sera le dictionnaire puisqu'il n'est constitué que de définitions.

Cette fonction métalinguistique se retrouvera, d'une certaine manière, au niveau de l'ensemble du texte, lorsque l'œuvre se répète, se reflète, lorsque par un effort de contraction et de condensation elle se récapitule et s'annonce, se reproduit à une dimension inférieure, donnant ainsi au lecteur la possibilité d'avoir du texte une vue globale, lui permettant, si nécessaire, de réévaluer le déjà-lu et de formuler des hypothèses plus fortes, définissant ainsi un degré supérieur de lisibilité du texte. C'est retrouver notamment le procédé du *récit en abyme* par lequel le texte se cite, se paraphrase, se résume (2). En littérature, ce sera par exemple le rêve prémonitoire, la représentation dans la représentation comme dans *Hamlet*, l'action double chez Marivaux, le rappel de *Phèdre* dans *la Curée* de Zola, tous procédés qui visent à « pourvoir l'œuvre d'un appareil d'auto-interprétation » (Dällenbach, 1976, op. cit.).

En recourant à ces différents procédés, le scripteur fournit donc au lecteur le texte et les moyens de son propre décodage. En maintenant sa cohérence et sa stabilité, il en préserve l'existence comme message signifiant. Le lecteur efficace sera celui qui saura tirer parti des instruments de compréhension mis ainsi à sa disposition.

(1) Pour une description d'ensemble des procédés se reporter à Patrice CHARAUDEAU *Les bases de la technique métalinguistique d'élucidation* in *Etudes de Linguistique Appliquée* n° 11, sept. 1973. Pour une étude de ces procédés appliqués à la littérature se reporter à l'excellent article de Philippe HAMON *Texte littéraire et métalangage, Poétique n°* 31, sept. 1977 ainsi qu'au n° 27 de la revue *Littérature, Métalangage(s)* oct. 1977.

(2) Sur le problème de la « mise en abyme » voir Jean RICARDOU, *Problèmes du Nouveau Roman* (op. cit.) p. 171 à 198 ; ibid. *Le Nouveau Roman,* Paris le Seuil, 1974, coll. « Ecrivains de toujours », p. 47 et suiv. ; Lucien DALLENBACH *Intertexte et autotexte* in *Poétique* n° 27, 1976, article repris dans *Le récit spéculaire, essais sur la mise en abyme,* Paris, Le Seuil, 1977, coll. « Poétique ».

L'ÉCOLE ET LA LECTURE

La lecture telle qu'elle est pratiquée à l'école a fait ces dernières années l'objet de critiques nombreuses et souvent fort vives. Il ne s'agira donc pas de dresser une fois encore un réquisitoire déjà mille fois entendu (1) et parfois mal fondé (2), mais de caractériser un mode d'apprentissage du seul point de vue de l'acte de lecture lui-même :

— un point d'ordre général tout d'abord. L'école ne semble pas avoir toujours fait un choix très clair entre *lecture* des textes et *étude* des textes. Apprendre à lire, nous l'avons vu, revient à développer chez l'élève un nouveau type de comportement linguistique, or il semble bien que dans de nombreux cas l'objectif réel et inavoué ait été de faire de l'élève tout d'abord un connaisseur de texte, développer plus un « savoir sur » qu'une compétence, de la même manière que pendant longtemps la connaissance de la langue, de la grammaire, avait pris le pas sur la pratique de la langue ;

— l'acte de lire s'est pendant longtemps appliqué à des textes exclusivement littéraires, ce qui ne manquait pas et ne manque pas encore de poser à l'élève de sérieuses difficultés, lorsqu'il veut transférer la compétence ainsi acquise de la littérature aux discours non-littéraires ;

— une lecture qui s'est beaucoup plus attachée aux significations linguistiques qu'au sens, qui a privilégié la perception verbale au détriment de l'appréhension du sens, par la pratique de la lecture au mot à mot, selon un décodage linéaire du texte, par l'insistance mise sur la lecture à haute voix, exercice qui n'a que de lointains rapports avec la compréhension des textes, ce que ne manquait pas de signaler Jean Hébrard dans une interview accordée au *Nouvel Observateur* : « Ceux qui lisent bien à haute voix sont souvent de mauvais lecteurs. Et pourtant, pendant les premières années, l'école ne s'intéresse qu'à cela : obtenir un bruit qui corresponde aux signes tracés sur le papier » (19/9/77) ;

— une lecture qui, par le mode généralement adopté de présentation des textes, ôte à l'élève toute possibilité d'avoir vis-à-vis de ce dernier un comportement actif (formulation d'hypothèses, repérage d'indices, interprétation, etc.).

(1) On pourra consulter entre autres le compte rendu du colloque *L'enseignement de la littérature*, Paris, éd. Plon, 1971 - le n° 7 de la revue *Littérature* : *Le discours de l'école sur les textes.*

(2) En ce sens que la critique a souvent plus porté sur le choix des textes proposés à l'élève que sur leur mode d'approche, comme si les seuls problèmes rencontrés se situaient au niveau du lu et non du lire.

On ne se laissera pas prendre, bien entendu, au caractère faussement actif de certaines séances d'explication de texte où le professeur, par une multitude de questions, guide l'élève dans la découverte du sens. Comme le font remarquer fort justement certains enseignants : « Cet usage de l'interrogation est assez singulier. Dans la vie courante, on interroge quelqu'un pour recueillir une information qui vous manque. Dans la vie scolaire, l'interrogation est de mauvaise foi : on interroge l'élève pour obtenir une information que l'on possède déjà, et souvent pour faire apparaître son ignorance. » (1) Répondre aux questions du professeur, c'est utiliser l'instrument de recherche que celui-ci a élaboré alors qu'une pédagogie véritable de la lecture doit amener tout d'abord l'élève à élaborer sa propre stratégie de recherche, comme le fait tout lecteur lorsqu'il se retrouve seul face à un texte. La conduite de classe est certes plus délicate à organiser, plus tâtonnante, procédant constamment par essais-erreurs, moins gratifiante donc pour le maître, mais certainement plus efficace à terme ;

— une lecture qui procède d'une démarche généralement empirique (2). L'école a refusé pendant longtemps toute théorie de l'explication de texte jugeant que l'intuition, le goût, la sensibilité étaient les seuls instruments utilisables en la matière, d'où ce grand saut dans l'inconnu qu'est à chaque fois une explication de texte pour l'élève comme pour le maître. Mais est-il alors vraiment sérieux de prétendre enseigner une compétence que l'on est incapable de décrire et donc de théoriser ?

Toutes ces insuffisances s'expliquent d'ailleurs fort bien par le fait que l'enseignement de la lecture a été constamment détourné des objectifs qui auraient dû être prioritairement les siens. Les textes ont servi à tous les usages, diffusion de valeurs morales, affinement du goût, édification politique, ils ont été le point de départ d'activités qui n'avaient que de lointains rapports avec la lecture : enseignement de l'orthographe, étude de la grammaire, du vocabulaire... Objet d'une dévotion sacrée ou bonne à tout faire de l'enseignement des langues, le texte n'a été que fort rarement abordé pour ce qu'il était, un dispositif sémiotique complexe, générateur de sens, à l'utilisation duquel il fallait d'abord initier les élèves.

Comment s'étonner après cela que les élèves lisent mal ?

(1) Extrait de l'article *Méthodes et pédagogie* dans le n° spécial *Enseignement et société de* la revue *Sciences et Avenir* (1977).

(2) A l'exception toutefois de l'enseignement primaire où un effort très sérieux de réflexion a été entrepris. Lire à ce sujet Jean HEBRARD, Laurence LENTIN, Christiane CLESSE et Isabelle JAN, *Du parler au lire,* Paris, éd. E.S.F.

DEUXIEME PARTIE

LES TEXTES

« Si l'on tentait la prospection intégrale des faits élémentaires qu'offre la nature, les chercheurs s'égareraient dans un labyrinthe dont ils ne sortiraient jamais. C'est l'hypothèse préalable, établie à partir des formes globales, qui permet de faire un choix et d'indiquer quels sont les faits à étudier parce qu'ils sont susceptibles d'avoir une signification. »

Pierre BIROT - *Les méthodes de la morphologie* - 1955
Presses Universitaires de France

« L'objet littéraire est une étrange toupie qui n'existe qu'en mouvement. Pour la faire surgir, il faut un acte concret qui s'appelle la lecture, et elle ne dure qu'autant que cette lecture peut durer. Hors de là, il n'y a que des tracés noirs sur le papier. »

Jean-Paul SARTRE - *Qu'est-ce que la littérature ?* Ed. Gallimard

Innombrables sont les textes, dirons-nous. Et il paraît bien vain de prétendre tous les étudier quand on sait la nature des contraintes institutionnelles qui pèsent sur tout le programme d'enseignement. Lire les textes, oui, mais quels textes ? Qui sont-ils ?

Si on essaie d'en dresser une liste quasi-exhaustive, selon une classification par genres, tout individu pourra, dans son expérience de lecteur, rencontrer un jour ou l'autre :

— des textes narratifs (fiction et non-fiction) : romans, nouvelles, mémoires, souvenirs... ;

— des textes poétiques ;

— des textes dialogués : pièces de théâtre, romans-photos, bandes dessinées, films sous-titrés ;

— des textes de presse : reportages, déclarations, interviews, commentaires, éditoriaux... ;

— des textes d'information spécialisés : articles de revues scientifiques... ;

— des textes fonctionnels : modes d'emploi, notices, documents et formulaires administratifs... ;

— des textes didactiques : manuels, cours polycopiés... ;

— des textes d'analyse : essais, études... ;

— des textes professionnels : rapports, comptes rendus, procès-verbaux, notes d'information, circulaires, notes de sercice... ;

— des textes de correspondance : lettres familiales, amicales, fonctionnelles, professionnelles ;

— des enseignes, pancartes, panneaux indicateurs... ;

— des affiches, tracts... (1).

Assurer une formation en lecture pour chacun de ces types d'écrit, sauf exception, ne semble guère réaliste, d'autant qu'un critère de classification par genre n'est pas toujours très pertinent, et ne distingue pas véritablement les conduites de lecture à mettre en œuvre. Lire un commentaire de presse ou un essai revient, dans les deux cas, à lire une argumentation. Il serait peut-être plus intéressant de décomposer en ses diverses parties la compétence de lecture qu'exige la compréhension de tous ces textes.

On pourrait alors distinguer :

— *des textes à dominante narrative :* (reportages, romans, souvenirs, comptes rendus, rapports d'enquête...) ;

— *des textes à dominante descriptive* (extraits de romans, souvenirs, reportages, comptes rendus d'expériences, manuels, cours polycopiés, etc.) ;

— *des textes à dominante expressive* (poésies, romans, pièces de théâtre, bandes dessinées, lettres personnelles...) ;

(1) Inventaire s'appuyant sur la liste proposée par Sophie MOIRAND dans son article *Communication écrite et apprentissage initial, Le Français dans le Monde* n° 133, nov. déc. 1977.

– *des textes à dominante logico-argumentative* (communications scientifiques, cours, éditoriaux, essais, rapports, lettres fonctionnelles, professionnelles...) ;

– *des textes à dominante prescriptive* (modes d'emploi, notices, documents administratifs, circulaires, notes de service, lettres fonctionnelles, etc...) ;

en signalant que, bien évidemment, aucun texte, sauf exception, n'est organisé autour d'une seule de ces composantes. Un reportage implique toujours du narratif, du descriptif, et peut déboucher sur un jugement et une réflexion. Il s'agit simplement de repérer dans la diversité des textes réalisés un certain nombre de constantes, sous forme de ce que l'on pourrait appeler des macro-actes — que fait l'auteur dans ce texte ? prouver, décrire, raconter, etc. —, en faisant l'hypothèse que quel que soit le lieu de réalisation de cet acte, il existe dans le texte des marques formelles communes qui le signalent comme tel au lecteur et facilitent ainsi son effort de compréhension.

Ce qui pourrait se représenter de la façon suivante :

		Sujet énonciateur +	Sujet énonciateur −
événementiel		- souvenirs - romans - reportages	- rapports - constats - comptes rendus ...
non événementiel	spéci-fique	- description «sensible» - (poésie, roman, reportage)	- description scientifique
	géné-rique	- argumentation éditoriaux essais	- démonstration exposés scient. cours
prescription		- lettre personnelle	- notices - modes d'emploi - circulaires ...

Il semble donc, en première analyse, que l'acte de lecture s'organise à partir :
– du repérage d'une représentation événementielle ;
– du repérage d'un système descriptif ;
– du repérage du sujet énonciateur (+ ou − dans le texte) ;
– du repérage d'une démarche logico-argumentative ;
– du repérage d'actes prescriptifs éventuels.

Aussi n'étudierons-nous pas les problèmes que pose l'accès au sens des textes en envisageant toutes les catégories susceptibles d'êtres rencontrées ; nous essaierons, de façon plus économique, de définir un nombre restreint de conduites de lecture, leur combinaison permettant toutefois de lire un nombre extrêmement élevé de textes.

LIRE L'ÉVÉNEMENT

Lire l'événement, c'est pénétrer dans le domaine immense du récit. Immense parce qu'il recouvre une tradition littéraire qui remonte au plus haut Moyen Age, le roman moderne représentant l'aboutissement d'une laïcisation des récits mythiques, immense aussi par la diversité des réalisations discursives qui englobent aussi bien le roman classique, tel que l'a défini la tradition littéraire savante, que le simple entrefilet de presse relatant un quelconque fait divers, le roman policier comme la bande dessinée, les contes pour enfants comme les récits de science-fiction, les romans-photos, etc.

Les formes de la narrativité diffusées aussi, ne l'oublions pas, par le cinéma et la télévision, figurent certainement parmi les plus répandues de l'univers culturel contemporain.

Cette évidence du récit, sa quasi-universalité ont fait que, de tous les aspects du discours verbal, il est certainement celui qui a été le plus étudié depuis Propp jusqu'à Greimas, sans omettre, bien entendu, l'apport essentiel de Lévi-Strauss dans son analyse des récits mythiques. La critique traditionnelle elle-même, sensible au fonctionnement des formes narratives, jeta les premières bases d'études qui annonçaient les futures analyses de récit.

Nous n'ajouterons donc pas une description supplémentaire aux multiples modèles déjà proposés. Leur nombre et leur diversité indiquent d'ailleurs qu'une appréhension globale du fonctionnement narratif dans le cadre d'une théorie générale est encore à concevoir, et que proposer ici une hypothèse descriptive nouvelle n'ajouterait certainement pas grand-chose dans l'immédiat. Nous adopterons simplement le point de vue du lecteur et nous essaierons de définir, en terme d'objectifs, ce que peut être une conduite de lecture en présence d'un texte narratif, d'examiner enfin à quelles conditions doit répondre un récit pour pouvoir prétendre à la lisibilité ou au moins à une certaine lisibilité.

1. RÉCIT ET ÉVÉNEMENT

On peut, stricto sensu, définir le récit comme la relation verbale d'un événement ou d'une suite d'événements, que celui-ci soit fictif ou effectif. Rien en effet ne signale formellement l'événement représenté comme produit d'une construction intellectuelle ou comme événement ayant statut d'existence dans une réalité non-verbale.

Stéphane Lupasco (1972) définit ainsi l'événement : « L'événement dans l'expérience quotidienne, pour ainsi dire littéraire, est ce qui arrive, et, dans la pratique de tous les jours, dans la monotonie et la probabilité de la succession des faits, ce qui arrive d'exceptionnel, d'imprévu, de rare. » Il y a donc l'idée qu'est événement toute rupture d'un enchaînement séquentiel, toute annulation d'une prévisibilité. Sans vouloir traiter immédiatement des problèmes de compréhension, notons toutefois que l'événement ne prend signification, n'existe que par rapport à un continuum existentiel préalable, que par rapport à un équilibre déjà existant qu'il perturbe (1). Un événement est toujours relatif. Si l'on se reporte par exemple au document étudié précédemment p. 47, dans le chapitre consacré à la redondance des codes, on constate que le fait rapporté n'accède au statut d'événement que par rapport à une norme, partagée par le journaliste et ses lecteurs, selon laquelle la croissance des plantes, dans les régions tempérées, est toujours extrêmement lente, imperceptible à l'œil nu. Le même phénomène observé à Manaus, à Kinshasa ou à Manille, n'aurait jamais fait l'objet d'un article dans le journal local, étant donné que dans ces régions la croissance extrêmement rapide des végétaux est la règle.

Pour qu'un lecteur perçoive un fait ou un phénomène comme événement susceptible d'engendrer une relation verbale, cela suppose qu'il dispose préalablement d'une norme constituée par la somme des règles, lois, principes, codes implicitement ou explicitement admis par le groupe à l'intérieur duquel il évolue. Un des traits fondamentaux de la lisibilité des textes événementiels résidera, au départ, dans le caractère partagé de la norme, ce qui constitue ce que Philippe Hamon nomme : « le vraisemblable référentiel » (1974), cet ordinaire des êtres et des choses, tel qu'il est codé par une société donnée, à un moment donné de son histoire. Si le lecteur ne partage pas ces données, du moins partiellement, il y a de fortes chances pour que l'événement représenté reste sans signification, et donc imperceptible.

Lire le récit requiert de la part du lecteur la disposition d'une grille de valeurs, dans laquelle l'événement représenté viendra s'inscrire et prendre sens.

2. TEMPS ET RÉCIT

Toute relation d'événement ou de série d'événements est impérativement inscrite dans le temps. Jean Ricardou définissait ainsi le récit comme : « un texte référentiel à temporalité représentée. » Cette dimension temporelle va en fait se manifester à trois niveaux (2), ce qui explique d'ailleurs, pour une bonne

(1) Lire à ce sujet le n° 18 de la revue *Communications* intitulé *L'événement* (1972).

(2) Ces considérations s'inspirent d'une part de Jean RICARDOU dans son chapitre *Temps de la narration, temps de la fiction* in *Problèmes du nouveau roman*, Paris, Le Seuil, 1967 et de Gérard GENETTE dans *Discours du récit* (ordre, durée) in *Figures III*, Paris, Le Seuil, 1972.

part, la complexité du récit dans sa réalisation linguistique, du point de vue du fonctionnement des systèmes verbaux notamment.

● *Histoire et narration.*

Il faut en effet distinguer, dans toute relation événementielle, deux niveaux distincts de temporalité :

— d'une part *le temps de l'histoire*, c'est-à-dire le déroulement des événements dans leur stricte successivité ou simultanéité, tels qu'ils se sont accomplis au plan référentiel, le chronologique de l'histoire ;

— d'autres part *le temps de la narration*, c'est-à-dire l'ordre dans lequel ces événements sont redistribués dans le récit.

Si l'on représente ces deux niveaux à l'aide des schémas suivants, on pourra distinguer en gros deux types de traitement :

- le récit isochrone ;

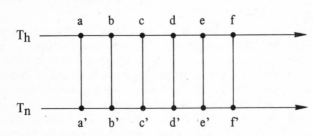

où l'axe T_h représente le temps de l'histoire avec les événements (a, b, c, d...), apparaissant dans l'ordre chronologique réel des faits, et T_n l'axe du temps du discours, où l'on constate que les faits représentés le sont dans le même ordre que celui où il se sont manifestés dans l'histoire, récit qui sera d'une lecture relativement aisée, dans la mesure où l'ordre de succession des séquences dans la narration correspond à l'ordre de succession de ces mêmes séquences dans l'histoire ;

- le récit bouleversé ;

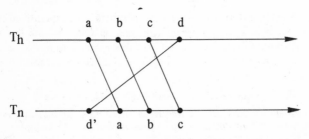

où, sur l'axe de la narration, la première séquence apparue correspond en fait à la dernière séquence dans le déroulement de l'histoire. C'est le classique « flash-back », auquel le cinéma nous a habitués, bouleversement particulièrement sensible dans un roman comme *Thérèse Desqueyroux* de Mauriac, procédé qui est aussi très fréquemment utilisé par le récit de presse. Le lecteur pourra reconstituer cet ordre chronologique effectif à partir du repérage dans le texte d'indices temporels tels que : « d'abord, puis, ensuite, alors, enfin... » qui évoquent la successivité simple, mais aussi celles qui évoquent les retours en arrière : « un mois plus tôt, auparavant, etc. », tout ce qui dans le langage permet de situer l'action dans le temps (1). Lire le récit, dans ce cas-là, impliquera de la part du lecteur *un effort de reconstitution des faits dans leur ordre chronologique réel* et dans *l'interprétation de ce bouleversement* qui est aussi porteur de sens.

● *Histoire, narration et moment de l'énonciation.*

A ces deux dimensions temporelles va s'en ajouter une troisième, celle constituée par la position dans le récit de l'instance narrative, du point de vue du moment de son énonciation, en considérant ici trois moments par rapport au récit :

    - la narration simultanée ;

il y aura narration simultanée quand la narration dans le moment de son énonciation sera contemporaine du fait représenté. Les cas observables à l'écrit sont relativement rares — à la rigueur le compte rendu d'observation ou d'enquête établi au fur et à mesure des constatations faites — beaucoup plus fréquent à l'oral, dans le reportage d'un match par exemple ;

    - la narration antérieure ;

l'instance narrative se situe antérieurement aux faits représentés. Type de récit relativement peu fréquent aussi, le rêve prémonitoire, l'horoscope, éventuellement l'indication d'une série de prescriptions à suivre ;

    - la narration postérieure ;

le moment de l'énonciation est postérieur aux événements rapportés, ce qui est le cas le plus fréquent et le plus logique. Relater un événement par écrit suppose que l'on a assisté à sa réalisation et qu'au moment où l'on se met à écrire il est achevé, totalement ou partiellement.

Lire un récit, dans son organisation temporelle, demandera en somme au lecteur de se situer à tous moments dans ces trois dimensions du temps, le moment de l'énonciation par rapport à la totalité du récit et de reconstituer l'organisation temporelle des séquences événementielles à partir du déroulement du discours. On ne s'étonnera pas alors des difficultés de compréhension que peuvent rencontrer les apprentis-lecteurs, surtout lorsqu'ils relèvent de civilisa-

(1) On trouvera un inventaire classé de ces termes dans *Grammaire notionnelle* de Janine COURTILLON in *Un Niveau-Seuil,* Strasbourg, Conseil de l'Europe, 1977 ; p. 275.

tions où le temps n'est absolument pas représenté selon les catégories définies par les syntaxes issues de la grammaire grecque.

A titre d'exemple, prenons le début d'un reportage (*Le Matin* 2/6/1978) relatif à l'inauguration de la nouvelle Ecole du Trésor par le Président de la République. Il débute ainsi :

« Valéry Giscard d'Estaing a inauguré hier la nouvelle Ecole Nationale du Trésor dans la ville nouvelle de Marne-la-Vallée. C'est le chef de l'Etat lui-même, alors ministre des Finances, qui avait lancé ce projet et choisi son architecte, Bernard de la Tour d'Auvergne, aujourd'hui décédé... »

Si l'on fait de ce texte une première analyse en séquences, telles qu'elles peuvent être envisagées dans la chronologie de l'histoire, on distinguera :

séq. 1 : lancement du projet
séq. 2 : choix de l'architecte
séq. 3 : inauguration de l'Ecole

Si l'on représente l'organisation temporelle du texte sur un système d'axes, nous disposerons de la représentation suivante :

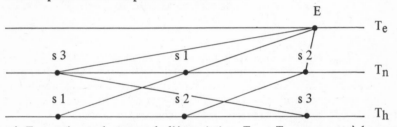

où T_e représente le temps de l'énonciation, T_n et T_h renvoyant à la narration et à l'histoire. Lire ce texte reviendra à reconstituer mentalement ce schéma à partir du repérage des indices temporels disséminés dans le texte. Le temps de l'énonciation est indiqué par : « hier » et : « aujourd'hui décédé », le passage de la narration à l'histoire se faisant à partir de l'opposition : « a inauguré / avait lancé », ainsi que l'opposition *chef de l'Etat / alors ministre des Finances,* l'ordre séq. 1 et séq. 2 étant indiqué par la successivité des séquences dans la phrase ainsi que le *et* à valeur temporelle.

Repérer ces indices et les organiser dans un schéma pour, par la suite, les interpréter, ce qui représente les différentes étapes de la compréhension du texte, implique que le lecteur soit déjà familier de ces données, qui pourront être soit progressivement induites de la lecture de micro-séquences narratives allant du plus simple au plus complexe dans l'organisation temporelle, soit acquises par la pratique du récit écrit élaboré par le futur lecteur.

3. LE RÉCIT ET SES ACTEURS

La notion de personnage est assurément une des meilleures preuves de l'efficacité du texte comme producteur de sens, puisqu'il parvient, à partir de la dissémination d'un certain nombre de signes verbaux, à donner l'illusion d'une vie, à faire croire à l'existence d'une personne douée d'autonomie, comme s'il s'agissait réellement d'êtres vivants.

La critique moderne, soucieuse de réagir contre cette lecture fantasmatique des textes, a privilégié l'analyse du système du récit, ramenant le personnage au simple rang d'acteur, d'agent ou d'actant (la terminologie n'est pas encore fixée). Son mérite, quelles que soient par ailleurs les qualités de son analyse, est d'avoir attiré d'abord l'attention sur la condition d'être verbal du personnage : Julien Sorel, par exemple, est d'abord un nom propre apparaissant dans un texte, vide sémantique qui sera progressivement comblé par les indications fournies par le texte.

Lire un récit consistera à repérer dans le texte un certain nombre de termes ou d'énoncés qui renverront à un nombre limité de signifiés rassemblés en un système sémiotique spécifique, les acteurs du récit, qui seront à l'origine d'un certain nombre d'actions formant ainsi la trame événementielle du récit.

Quels sont les problèmes que va poser leur repérage ? Prenons, par exemple, cet extrait, du roman de Roger Vailland *325 000 francs* (éd. Buchet Chastel, Paris, p. 90) :

« Le Circuit m'a claqué, dit Busard. Ma jambe me fait encore mal : Je ne ferai plus rien de bon cette année. »

Il parlait avec conviction pour lever ce qu'il croyait être la principale objection de Morel.

« Je vais essayer de convaincre le Vieux, dit celui-ci.

— Réussis », dit Busard, en fronçant ses sourcils qui sont noirs et rapprochés, ce qui lui donne facilement l'air d'être prêt à un coup de tête.

Paul Morel entra dans la salle à manger et prit un instant son père à part.

— Non, dit Jules Morel. Si chaque ouvrier travaillait aux heures qui lui chantent... »

Paul insista. Bernard était un camarade d'école, cela ferait mauvais effet qu'il lui refusât une faveur qui ne coûtait rien. Morel père qui s'ennuyait avec les clients écouta son fils. »

où ont été soulignés tous les termes qui renvoient à un des acteurs.

Si l'on considère le mode de dénomination de chacun des trois acteurs, on ne peut qu'être frappé par leur diversité :

- Busard = Busard, il, il, Bernard, lui ;
- Paul Morel = Morel, celui-ci, Paul Morel, Paul, son fils ;
- Jules Morel = le Vieux, son père, Jules Morel, il, Morel père.

D'où le premier type de difficulté auquel se heurtera le lecteur : percevoir derrière la diversité des signifiants les signifiés représentés (16 signifiants dans le passage de Vailland pour 3 signifiés) et pouvoir *interpréter* cette diversité. On retrouve dans certains cas des anaphoriques classiques (il, celui-ci, etc.), mais aussi des dénominations qui renvoient au système du récit. Certains noms sont donnés par le narrateur (Busard, Paul Morel, Jules Morel), d'autres par les personnages quand ils se parlent (Le Vieux, Bernard), d'autres signalent des rapports de parenté (son père, son fils), ce qui définit globalement le point de vue narratif adopté.

Pour qu'un texte narratif soit lisible, il faudra donc que la dénomination des acteurs reste stable, à quelques variantes significatives près, nous venons de le voir, qu'il s'agisse d'acteurs humains ou d'acteurs inanimés (dans le texte *Peugeot et l'Américain malade* p. 70, *American Corp., société, firme, maison, Detroit* se rapportaient aussi au même signifié). Il est essentiel que le lecteur perçoive cette relation, ce qui implique, bien entendu, que le scripteur l'ait établie de façon rigoureuse, ce qui n'est pas toujours évident.

Il peut arriver parfois qu'un même signifiant renvoie à des signifiés différents, songeons par exemple à l'utilisation du mot *pensée* chez Piaget, qui n'a pas connu à toutes les époques le même sens, d'où la question que se posera, à chaque fois, le lecteur en rencontrant ce terme : « dans quel sens l'utilise-t-il ? ».

Il est possible enfin que le scripteur veuille délibérément dérégler tous les systèmes de repérage que le lecteur essaie de mettre en place, en disjoignant systématiquement patronymes et fonctions, en multipliant les dénominations pour un même personnage, ou en faisant en sorte qu'une même dénomination renvoie à plusieurs signifiés différents, ce qu'ont fait des auteurs comme Alain Robbe-Grillet dans *La Maison de rendez-vous*, comme Pinget dans *Le Libera* (1).

(1) Sur la question du statut des personnages et leur dénomination, on lira, sur le statut du nom propre Jean DUBOIS *Grammaire structurale du français*, t. 1, p. 155, Paris, Larousse, 196 , l'article de Boris USPENSKI *Poétique de la composition* in *Poétique n° 9*, 1972 ; Philippe HAMON *Pour un statut sémiologique du personnage* in *Littérature n° 6*, 1972 ; Jean RICARDOU *Pour une théorie du nouveau roman*, Paris, Le Seuil, 1971, p. 234-250. Signalons d'ailleurs, sur ce dernier point, que l'on peut considérer le Nouveau Roman comme une entreprise systématique de destruction des facteurs traditionnels de la lisibilité, une volonté délibérée de dérégler tous les systèmes conventionnels de représentation, pour amener le lecteur à s'interroger non plus sur le lu, mais sur le lire, perturber le texte dans son fonctionnement pour mieux le rendre perceptible. Dans le cadre d'une pédagogie d'initiation à la lecture des textes narratifs, il serait peut-être tout aussi efficace, pédagogiquement, de partir de textes « illisibles » (au sens conventionnel du terme), tels que nous en proposent les surréalistes ou les auteurs du Nouveau Roman, pour poser d'emblée le problème de la lisibilité et des conditions verbales et discursives d'accès au sens, se demander alors avec les élèves à quelles conditions un texte peut s'affirmer lisible, et s'efforcer alors de retrouver ces procédés dans des textes plus classiques, mais ici intégrés et non perturbés. Ne pas aller de Flaubert à Claude Simon par exemple, mais par un processus inverse, éclairer la lecture de Flaubert par celle de Claude Simon.

Le repérage des acteurs du récit ne peut se suffire du seul inventaire des dénominations. Il faudra aussi :

— identifier leurs qualifications respectives ;

— noter la fréquence et le moment de leur apparition dans le récit ;

— évaluer leur degré d'autonomie — sont-ils systématiquement mis en rapport avec d'autres acteurs, ou bien bénéficient-ils d'une certaine autonomie ? — ;

— déterminer leur fonction, en s'appuyant par exemples sur les catégories définies par Propp puis reprises par Brémond ou Greimas (1).

Par la suite, compte tenu de la nature des relations établies entre les différents acteurs, on pourra déterminer progressivement le schéma actantiel qui organise le récit.

C'est pénétrer ici dans le domaine des modèles d'analyse proposés par les différents auteurs. Nous n'entreprendrons pas ici leur description, il y faudrait un ouvrage entier. Il est plus intéressant, peut-être, de les aborder du point de vue de la lecture. Tous ces modèles, même s'ils ne couvrent qu'imparfaitement tous les aspects du récit, prouvent que celui-ci s'organise comme une combinatoire d'élément finis qui, par l'application d'un certain nombre de règles, engendrent un nombre infini de textes, d'où la tentation chez certains de parler de grammaire textuelle tant l'analogie avec la grammaire de la langue est forte. Lire un récit reviendra donc à percevoir au-delà des réalisations narratives de surface un certain nombre de schémas profonds. Le lecteur doit pour cela disposer d'une compétence narrative minimale, sans laquelle il serait dans l'impossibilité de comprendre le texte, pareil à l'auditeur d'une langue donnée, qui ne peut la comprendre que par reconnaissance, dans la parole manifestée, de schémas structuraux fondamentaux. En l'absence d'une telle compétence, le récit ne serait plus qu'une succession arbitraire de séquences, annulant chez le lecteur toute faculté de prédiction.

Le problème essentiel qui se posera d'un point de vue pédagogique sera celui de l'acquisition de cette compétence. Deux démarches peuvent être envisagées :

— développer les facultés de reconnaissance en proposant à l'élève des micro-récits — il peut s'agir de courts articles de presse par exemple — convenablement choisis du point de vue de leur organisation actantielle, afin de repérer les invariants, les catégoriser, les qualifier, en observant le fonctionnement dans des textes de plus en plus longs et de plus en plus complexes ;

— développer la compétence narrative par une pratique simultanée de l'écriture du récit, en exploitant par exemple l'excellent matériel didactique mis au point par Francis Debyser avec *Le tarot des mille et un contes* (Paris, éd. de l'Ecole, 1977) directement inspiré des travaux de Propp, où l'élève a la possibilité d'exploiter à sa guise la combinatoire narrative ainsi offerte en vue de

(1) Catégories reprises de Philippe Hamon (1972, op. cit), p. 89-94.

construire toutes sortes de récits, au gré de sa fantaisie et de ses possibilités créatrices. L'élève intégrera ainsi progressivement les règles de construction du récit, en percevra la logique combinatoire, et pourra par la suite les réinvestir dans la lecture des textes. On rationalisera ainsi une démarche de lecture à partir de la pratique d'une écriture.

La recherche universitaire nous a, ces dernières années, abondamment fournis en matériels d'analyse de toutes sortes. Leur intérêt est évident. Eux seuls nous permettent de dépasser le stade d'une lecture purement intuitive des textes, mais il faudra bien prendre garde à ce que l'instrument d'analyse, par sa richesse, par sa complexité, ne fasse pas perdre de vue les objectifs de l'opération, qui sont avant tout de faire parvenir les élèves à un état de mieux-lire, non d'en faire des spécialistes de linguistique textuelle, ne pas retomber donc dans les travers d'une certaine pédagogie de la littérature qui, nous le verrons plus loin, s'intéressait plus à l'étude des textes qu'à leur lecture. Des systèmes d'analyse très élaborés, souvent parvenus à un degré d'abstraction et de formalisation très élevé, risquent de manquer leur but s'ils sont appliqués inconsidérément et de tuer un certain plaisir de la lecture chez l'élève.

4. VOIX

Un récit, c'est d'abord une voix qui s'adresse à nous. Cette instance d'émission du message pourra se manifester de différentes manières, être exhibée ou masquée, déterminée ou indéterminée, il n'importe, mais elle devra dans tous les cas fonctionner comme une source homogène et continue de signes, de telle sorte que le lecteur puisse à tous moments savoir qui est à l'origine de ce qui se dit dans le texte.

L'instance d'énonciation peut toutefois varier, le narrateur peut à certains moments s'effacer et donner la parole à d'autres. Il doit cependant l'indiquer très clairement, par une série de dispositifs typographiques tels que les guillemets, les tirets, l'inscription d'incises comme : « pensa-t-il, dit-il, répondit X... » ou par l'utilisation de verbes du discours rapporté.

Que l'auteur en vienne à ne plus respecter cette règle et immédiatement se posera pour le lecteur le problème de l'identification de l'instance d'énonciation, expérience fréquemment tentée par les romanciers modernes qui déplacent systématiquement l'origine de la voix, tout au long du texte, sans fournir pour autant au lecteur les indices formels qui l'aviseront de cette modification (1).

Aussi faudra-t-il entraîner très tôt l'apprenti-lecteur à repérer dans le texte les indicateurs formels de l'instance d'énonciation, en étudier tous les aspects — on s'attachera plus particulièrement aux verbes du discours rapporté, aux modalisateurs — sans l'identification desquels il n'y a pas de lecture possible.

(1) Lire à ce sujet l'excellente étude de François JOST *Le je à la recherche de son identité* in *Poétique* n° 24, 1975.

5. LES COMPOSANTES DU RÉCIT

L'événement, dans sa représentation verbale, n'est pas pure narration. Le récit, en fait, est un genre composite qui inclut des éléments narratifs certes, mais aussi des éléments descriptifs, des éléments de discours rapporté, un commentaire éventuel du narrateur.

Lire le récit exigera que l'on identifie ces différentes composantes, que l'on apprécie leur part respective — il est des récits lents, encombrés de description, il est des récits vifs, rapides, pour ainsi dire purs de toute notation descriptive — pour en percevoir l'effet global de sens.

Tout bon lecteur reconnaît intuitivement une séquence descriptive dans un texte — en précisant toutefois que la différence narration/description n'est pas forcément très marquée, les deux étant parfois étroitement mêlées —. En situation d'apprentissage, l'intuition du lecteur, construite au contact d'une longue pratique des textes, n'étant pas encore constituée, il est nécessaire de se poser la question : par quels indices formels une description se signale-t-elle au lecteur ? et de se demander ensuite : quelle fonction peut-elle assumer dans l'économie du récit ?

Le problème de la description dans son organisation et de son repérage par le lecteur, dans le texte, vient de ce qu'apparemment elle n'obéit à aucune règle ni contrainte, se développant, à première vue du moins, au gré de la fantaisie de l'auteur, sorte de hors-texte qui permettrait de mettre un instant l'action en suspens, donnant au lecteur la possibilité de reprendre souffle avant de se replonger dans le cours de l'action.

Nous ne traiterons pas de cette question, ici, en détail (1), la description méritant à elle seule une étude particulière, nous énumérerons simplement un certain nombre de principes d'analyse susceptibles de recevoir des applications pédagogiques :

— les séquences descriptives, formellement, peuvent se repérer par un changement de régime des temps des verbes — passage, ce qui est fréquemment le cas, du passé simple à l'imparfait, prédominance d'énoncés à structure attributive, procédés énumératifs destinés à présenter les éléments constitutifs de l'ensemble décrit... ;

— la description, sous une organisation apparement très libre, répond souvent à un programme qui peut être fondé sur :

1) Pour une étude de la description, on pourra consulter Michaël RIFFATERRE, *Le poème comme représentation, Poétique* n° 4, 1970 ; ibid. *Système du genre descriptif, Poétique* n° 9, 1972, le point de départ de cette réflexion se trouvant dans Gérard GENETTE, *Frontières du récit* p. 156, 158, *Communications* n° 8, 1966 ; question abordée aussi par Jean RICARDOU, *Problèmes du Nouveau Roman* op. cit. p. 91 et suiv. ; ibid. *Pour une théorie du nouveau roman,* op. cit., p. 81, 82 ; ibid. *Le nouveau roman* op. cit, p. 124 et suiv. ; ainsi que l'article de Philippe HAMON, *Qu'est-ce qu'une description ?, Poétique* n° 12, 1972.

- un système topologique, par une représentation spatiale des éléments, de haut en bas, d'avant en arrière, de l'intérieur à l'extérieur ou inversement, d'une vue globale à une vision détaillée ;

- un système d'appréciation sensorielle (goût, odorat, toucher, ouïe, vue) ;

- une schématisation propre à l'objet décrit : il existe un protocole descriptif de la plante par le botaniste qui n'est pas celui du géologue lorsqu'il décrit un échantillon de terrain...

- à la limite, une description peut s'organiser selon le schéma général ci-dessous, emprunté à Jean Ricardou dans *Le Nouveau Roman* (op. cit.) p. 126 (éd. du Seuil, Paris, 1973) :

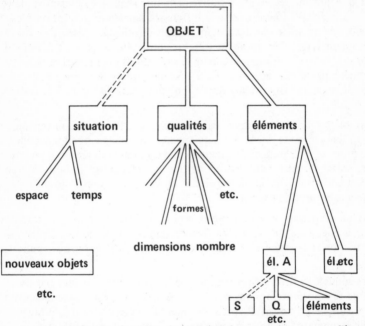

- un dispositif métaphorique destiné à éclairer, préciser ce qu'il pourrait y avoir d'ambigu.

Lire une description doit correspondre, d'une part à une attente comblée, ce qui signifie que le lecteur a déjà repéré les signaux annonciateurs de la description et a donc construit une attente, d'autre part à la mise en place d'une grille interprétative dans laquelle viendront s'indexer les énoncés ou fragments d'énoncés perçus. Il faut en effet poser en principe qu'une description n'est signifiante, c'est-à-dire qu'elle est autre chose qu'une succession d'énoncés autonomes, que si le lecteur intègre les éléments énoncés dans une configuration descriptive codée, telle qu'elle a été léguée par la tradition culturelle et littéraire du moment. Il reste que la connaissance de ces configurations est encore en grande partie intuitive, pour le lecteur comme pour le scripteur, mais il ne serait pas inutile d'habituer au moins l'apprenti-lecteur :

- repérer : percevoir le système démarcatif du texte - où commence, où s'achève la description ?

- identifier : étudier son organisation, non pas dans ses manifestations linguistiques qui peuvent être fort diverses, mais dans sa structuration profonde : à quel programme obéit-elle ?

- interpréter : s'interroger sur sa fonction dans le texte. Dans son article *Qu'est-ce qu'une description ?* (op. cit. p. 484), Philippe Hamon propose les fonctions suivantes :

a) une fonction démarcative (souligner les articulations de la narration) ;
b) une fonction dilatoire (retarder une suite ou un dénouement attendu) ;
c) une fonction décorative (« effet de réel », « effet de poésie » ...), d'intégration à un système esthético-historique ;
d) une fonction organisatrice (assurer la concaténation logique, la lisibilité et la prévisibilité du récit) ;
e) une fonction focalisatrice (contribuer à l'anthropocentrisme du récit en apportant une somme d'information, directe ou indirecte, sur tel personnage, le héros souvent).

Le commentaire (1) fait intervenir la personne du narrateur au premier plan du texte, comme juge des événements qu'il rapporte. Le repérage formel peut se faire à partir d'un changement dans les temps des verbes — passage des temps du passé à un présent à valeur générale —, à l'apparition d'articulateurs logiques, à l'apparition d'énoncés ayant statut de règle générale... (2). Il n'y a plus ici mise en suspens de la narration, comme dans le passage à la description, mais recul général par rapport à l'ensemble du récit, pour permettre au narrateur de formuler une appréciation.

La liberté du récit, dans son déroulement, dans son organisation, n'est qu'apparente. Toute séquence narrative s'inscrit dans un répertoire des possibles narratifs dont dispose le lecteur préalablement à toute lecture. Il existe des contraintes séquentielles telles qu'elles sont intégrées par un discours narratif donné dans une sphère culturelle donnée, qui permettent au lecteur de faire jouer ses facultés de prédiction et donc d'accroître son pouvoir de compréhension.

(1) Sur cette question, voir plus loin, p. 140, le chapitre consacré à l'argumentation.

(2) On trouvera exposé un travail d'analyse du récit dans les trois composantes que nous venons d'examiner dans l'article de Denise MALDIDIER et Régine ROBIN, *Du spectacle au meurtre de l'événement : reportages, commentaires et éditoriaux de presse à propos de Charléty (mai 1968) Annales* n° 3, mai-juin 1976, repris dans la revue *Pratiques* n° 14 *Récit* (2), mars 1977. Sur la question du récit et de sa lecture, on pourra justement se reporter aux numéros 11-12 et 14 de cette revue, qui présentent un éventail très ouvert d'expériences associées à une réflexion théorique s'appuyant pour l'essentiel sur les travaux de Greimas.

Toute lecture d'un récit est une réécriture prospective sur laquelle viendra s'inscrire le récit lu. De la conformité ou de l'écart du texte lu au modèle attendu naîtront le sens et un certain plaisir du texte. Dans le récit, plus que dans tout autre domaine de l'écrit, le lecteur est mis à contribution.

Représenter l'événement consiste à projeter une forme intellectuelle sur les faits, pour leur donner sens. Le langage, au terme d'un tel apprentissage, ne sera plus perçu comme le médiateur neutre entre une réalité non-verbale et le lecteur, mais comme le moyen de construction de cette illusion de réalité dont il ne donnera jamais qu'une représentation analogique. Il y perdra sa fausse transparence, mais le lecteur y gagnera en lucidité, en passant d'une lecture fantasmatique (qui n'est pas forcément désagréable notons-le aussi) à une lecture interprétée.

TEXTES ET DISCOURS SCIENTIFIQUES

Le souci de réserver, dans notre étude de la lecture, une place particulière au discours scientifique et aux problèmes que pose sa compréhension, se justifie d'un triple point de vue :

— dans l'ensemble des discours produits ou susceptibles de l'être, le discours scientifique bénéficie d'un statut sémiotique particulier, qui le distingue de toutes les autres formes de discours. Il importe donc d'en reconnaître les traits pertinents, afin d'adopter à son égard une conduite pédagogique cohérente ;

— d'autre part, les problèmes que pose la compréhension des textes scientifiques n'ont jamais fait l'objet d'études systématiques, ou du moins, elles n'ont jamais été conduites dans cette perspective et avec ce seul objectif ;

— dans cette période de rénovation et de bouleversement de la pratique pédagogique dans l'enseignement du français, il apparaît clairement que les discours non-littéraires se verront offrir une place de plus en plus importante à côté du discours littéraire classique (même si cette évolution est encore à peine amorcée et même si les essais entrepris jusqu'à présent sont loin, c'est le moins qu'on puisse dire, d'être convaincants), au premier rang desquels il faudra compter le discours scientifique. La fréquence de son apparition dans le champ d'investigation de l'élève ou de l'étudiant (n'oublions pas qu'au cours de sa scolarité l'élève, en termes quantitatifs, a une pratique beaucoup plus grande de la lecture des textes scientifiques — manuels, résumés, énoncés de problèmes et d'exercices — que des textes proprement littéraires), le fait que tout scientifique soit avant toute chose un grand lecteur d'articles, de documents, d'ouvrages de toutes sortes relatifs à sa spécialité, font qu'il y a là un domaine important de l'expérience et de la pratique du lire qu'il n'est pas possible d'ignorer. Signalons que le problème est déjà posé en français langue étrangère où sont mis en place des programmes d'entraînement à la compréhension écrite de textes scientifiques, et cela à l'exclusion de toute autre objectif.

Nous serons donc amenés à nous interroger tout d'abord sur le mode de manifestation du discours scientifique. Par quels aspects se distingue-t-il des autres types de discours ? Nous examinons ensuite ses conditions de production, le discours scientifique n'étant pas un discours homogène, ce qui engendrera très certainement des conduites de lecture différenciées. Nous réfléchirons ensuite sur les formes d'organisation de la signification, ce qui nous permettra alors d'envisager un ensemble de démarches pédagogiques en fonction de la nature exacte du public d'élèves.

1. UN DISCOURS OBJECTIVÉ

La fonction du discours scientifique est de transmettre une connaissance construite selon un protocole heuristique rigoureux, partagé par une communauté donnée de chercheurs, aux fins d'explication ou de prédiction par la découverte de constantes, de régularités, de lois et / ou l'élaboration de modèles.

Le propre de l'activité scientifique consistera pour le sujet à s'abstraire en tant qu'acteur historiquement et socialement déterminé du processus de recherche, à neutraliser dans l'acte perceptif et interprétatif tout ce qui peut relever d'une appréciation personnelle, subjective, contingente, faire en sorte qu'il y ait identité des résultats quel que soit l'acteur de la recherche, le lieu et le moment de son activité.

D'où, comme ne manque pas de le faire remarquer Jean Ullmo (p. 623 in Encyclopédie La Pléiade « logique et connaissance scientifique », éd. Gallimard, 1967), le caractère d'entrée de jeu paradoxal de la connaissance scientifique :

« Le monde physique qu'elle prétend atteindre est un monde objectif. Il est donc autonome, indifférent à notre situation particulière, à notre existence même. Or, ce monde extérieur se manifeste à nous par des signaux, « les faits bruts » de l'observation ; je me cogne, l'éclipse abolit la lumière du jour. De ces signaux, on induit des objets qui en sont la source : objets, parties du monde extérieur douées d'une certaine stabilité, d'une permanence suffisante pour qu'on puisse les retrouver, les identifier, les suivre dans le temps.

» A l'origine de l'objet, il y a donc le signal, c'est-à-dire une forme d'interaction, une mise en relation d'une partie du monde et de l'homme. C'est là le paradoxe radical : l'objet, c'est ce qui est hors de nous, indépendant de nous. Et pourtant, nous n'en connaissons rien qu'en l'intégrant en quelque sorte à nous-mêmes, par nos sens, ou ces sens perfectionnées que sont les instruments. »

Le discours scientifique aura donc pour mission de transmettre un contenu de sens relatif à des activités cognitives recevables sans perte d'informations, sans risque, même minime, d'ambiguïté dans l'interprétation du message, effacer donc toute marque du sujet énonciateur pour laisser la première place à l'exposé des données, de la démarche de recherche et des résultats.

D'autre part, il n'est de science que du général ne l'oublions pas, l'activité de recherche vise à déterminer des principes, des théories, des lois. Le discours scientifique devra donc faire disparaître de son énoncé toute référence à un cas particulier, à un moment déterminé, se situer dans l'intemporel et l'universel. Paradoxe donc du discours scientifique qui, pour exprimer l'activité cognitive dans toute sa pureté, doit recourir au mode d'expression le plus indissolublement lié au sujet énonciateur : le langage. Le discours dans sa démarche devra mimer celle de l'activité scientifique : « La pratique linguistique de l'objectivation (retrouvant) un processus fondamental de la démarche scientifique, processus que l'on peut décrire comme étant le passage de la représentation (inscrite dans l'événement) à l'abstraction (située hors de l'événement) à travers la généralisation (étape intermédiaire, tendance vers l'abstraction, à partir de la représentation d'une somme de cas particuliers) » (Janine Courtillon, 1973).

Parmi les procédés de l'objectivation, on pourra relever :

— ce que Greimas (1976) nomme : « le débrayage actantiel », qui a pour effet d'impersonnaliser le discours, en passant par exemple de :

    - j'ai chauffé le charbon purifié au rouge vif dans un courant d'hydrogène ;

à :

    - le charbon purifié est chauffé au rouge vif dans un courant d'hydrogène ;

— des transformations par nominalisation, par passage de :

    - l'eau dissout les composés ioniques, c'est un phénomène d'origine électrique ;

à :

    - la dissolution des composés ioniques par l'eau est un phénomène électrique ;

● *Discours objectif, discours objectivé.*

La notion d'objectivité subit actuellement de très vives critiques, Robert Franck (1977) n'hésite pas à écrire : « l'objectivité est idéologique », critique qui va de pair avec un vaste mouvement de remise en cause de la neutralité de l'activité scientifique, d'où la tentation de voir dans le discours de la science une pratique discursive qui vise à camoufler le sujet idéologique selon des procédures d'invisibilisation dont nous avons cité un peu plus haut quelques exemples.

Il n'est pas question de nier que :

— la pratique scientifique est rarement neutre. Elle s'inscrit dans un contexte politique, économique, social, donné, et donc revêt une signification historique et idéologique ;

— la connaissance scientifique est une construction qui prend appui sur un système de concepts particuliers à une époque donnée, elle s'inscrit dans un espace mental, historiquement et socialement déterminé. Il ne saurait exister de description exhaustive, objective, du monde. Il n'y aura jamais que la construction d'une représentation analogique provisoire, inachevée, inscrite dans l'idéologie (au sens large du terme) d'une époque.

Toutefois, on se gardera de confondre l'usage institutionnel et politique qui est fait à un moment de la science, et les pratiques heuristiques mises en œuvre et partagées par tous les membres d'une communauté de chercheurs, qui reflètent un souci de défaire, dans toute la mesure du possible, l'activité cognitive de toute entrave proprement individuelle, d'où la production d'un discours *objectivé* et non objectif.

Signalons enfin que ce sujet idéologique ne saurait s'appréhender sur un seul texte, mais sur la totalité d'une production écrite d'une époque donnée. Ce n'est pas un objectif de lecture dans le cadre d'un programme d'entraînement à la compréhension écrite des textes scientifiques, mais en réalité le sujet d'une thèse universitaire. On s'épargnera ainsi le ridicule de vouloir démontrer des évidences, à savoir que tout langage porte immanquablement la marque du sujet parlant, ce que chacun sait, y compris dans le discours scientifique.

Ceci n'exclut pas, par contre, un travail de reconnaissance portant sur les modalisateurs, par exemple, quand l'auteur veut se manifester dans son propre discours, non plus pour exposer, mais pour juger.

En fait, le vrai problème que pose le « style scientifique », dans sa reconnaissance comme dans sa production, est celui de sa manifestation – écriture savante, solennelle, gourmée, qui écarte, rejette tous ceux qui ne relèvent pas de la sphère intellectuelle de la connaissance –. Pour pouvoir être publiée, aujourd'hui encore, dans les milieux scientifiques, une thèse doit être « bien rédigée ». D'où le paradoxe de voir publiés des articles qui dénoncent cette situation en se conformant de la manière la plus stricte aux canons de l'écriture de recherche, ce que relevait récemment Claude Burgelin dans un article traitant des problèmes de la formation continue : « Si l'appréhension de situations toujours plus complexes et la progression de la science rendent sans doute nécessaire l'utilisation d'un lexique et, peut-être parfois, d'une syntaxe de plus en plus élaborés, il reste que nous imposons par là la marque de notre différence sociale. Preuve vivante de cette contradiction, je n'ai pu écrire autrement ce texte, où mille indices témoignent de ce qu'est mon statut socio-professionnel. Et tant que les instances de savoir s'exprimeront de cette façon, il faudra des stages d'expression écrite et orale animés justement par ceux-là mêmes qui... » *(Langue Française* n° 36, p. 24, Ed. Charonne).

C'est poser de la façon la plus honnête le problème de la lecture du discours scientifique.

2. LES CIRCUITS DE L'INFORMATION

Si le discours scientifique peut être globalement défini comme un discours objectivé, il faut savoir aussi qu'il subit de nombreuses métamorphoses en fonction de son lieu exact d'apparition. S'il existe bien *un* discours scientifique, il existe par contre *des* textes scientifiques aux modes d'existence et de fonctionnement divers.

Il ne sera donc pas inutile de décrire ici, même très brièvement, les circuits de l'information scientifique et technique (I.S.T.). Ils fonctionnent en effet dans un cadre institutionnel souvent différent de celui de l'édition classique et impriment ainsi aux textes qu'ils mettent en circulation une physionomie spécifique qui engendrera, dans chaque cas, des comportements de lecture différents.

Nous distinguerons d'une part le livre imprimé classique et de l'autre, toutes les publications, ce que les spécialistes de bibliologie appellent les *non-livres*, incluant sous ce vocable aussi bien les revues, que les documents et rapports confidentiels à circulation restreinte.

1. Les utilisateurs

En information documentaire, on considère généralement trois types d'utilisateurs :

— des catégories socio-professionnelles : chercheurs, ingénieurs, techniciens, professeurs, décideurs...

— des groupes de travail : centres de recherche, centres techniques, services de recherche des entreprises, laboratoires, etc.

— des « isolés », qui sont concernés par l'I.S.T. dans le cadre de leur vie professionnelle ou par leurs préoccupations (1).

Il faudrait y ajouter, bien entendu, l'immense public constitué par les élèves et les étudiants qui, dans le cadre de leurs études, ont aussi recours à l'I.S.T. Au total, un public très différencié aux besoins multiples.

2. Le livre imprimé

Bien qu'il caractérise assez mal la production scientifique écrite, le livre reste cependant un des vecteurs essentiels de l'I.S.T. et occupe, en nombre de titres, une place relativement importante dans la production annuelle de livres (2). Imprimé signifie qu'il passe par les services d'une maison d'édition et qu'il est ensuite diffusé auprès du public. Compte tenu des délais de fabrication, relativement longs, et de l'importance de l'investissement, les livres scientifiques seront soit des ouvrages didactiques (manuels d'enseignement secondaire ou supérieur) soit des ouvrages de synthèse, ce qui implique que :

— la rapidité de publication est un facteur d'importance seconde ;

— de ce fait, ces ouvrages ne traitent pas de *l'actualité scientifique* immédiate, c'est-à-dire de la recherche en cours ;

— compte tenu de l'importance de l'investissement (les coûts de fabrication d'un ouvrage scientifique sont notablement plus élevés que ceux d'un livre ordinaire), l'ouvrage doit pouvoir être lu, c'est-à-dire rester valide, durant un nombre assez important d'années, et être réédité sans entraîner de trop importantes modifications du texte.

(1) d'après J.P. DE LOOF, C. LEMAIGNANT et C. MAZEAS *Les attentes des utilisateurs en I.S.T.* Paris, La Documentation Française, 1977.

(2) En nombre de titres pour 1974 : livres scolaires : 2 964 ; livres sc. et tech. : 1 519 ; sciences humaines : 3 191 ; encyclopédies, dictionnaires : 462 ; littérature générale : 6 977 ; d'après l'encyclopédie *Quid,* 1977.

Il s'agira, pour l'essentiel, de manuels, d'ouvrages de référence, de traités qui constituent l'arrière-plan permanent de référence du spécialiste. Mais nous ne ferons pas entrer dans cette catégorie les ouvrages de vulgarisation, même lorsqu'ils sont de haut niveau, comme par exemple *De la biologie à la culture* de Jacques Ruffié ou bien *La logique du vivant* de François Jacob, dont les finalités sont tout à fait différentes (1) de celles du discours didactique qui s'adresse à des spécialistes ou de futurs spécialistes.

3. Le périodique

En fait, le vecteur essentiel de la transmission des connaissances scientifiques est le périodique, c'est-à-dire une publication regroupant un certain nombre d'articles de chercheurs et paraissant à intervalles plus ou moins réguliers. Dans les bibliothèques et les centres de documentation, la demande d'information émanant des chercheurs porte dans les trois quarts des cas sur des articles de revues (2). Pourquoi cela ?

Le discours scientifique, nous venons de le voir, est un discours objectivé, impersonel, c'est-à-dire que l'auteur n'a pas dans son texte le statut de personne, d'individu différent, original. Scripteur anonyme, il s'efface derrière l'objet même de son discours, soucieux avant tout de transcrire, avec la plus grande exactitude, les résultats de ses recherches, la démarche de découverte adoptée, épris de rigueur et de clarté dans l'expression, de telle sorte que l'énoncé de sa recherche soit reproductible sans pertes d'information. Un auteur scientifique ne peut donc fonder sa réputation sur un dire spécifique, comme l'écrivain, qui protégerait en quelque sorte son droit d'auteur. Mais si le scientifique est absent de son discours, cela ne signifie pas pour autant qu'il veuille rester anonyme. Il veut, et c'est bien normal, bénéficier du prestige attaché à sa découverte, consolider son statut à l'intérieur de la communauté scientifique, en un mot être reconnu par ses pairs. Le seul moyen pour lui d'y parvenir sera de prendre date, c'est-à-dire d'énoncer qu'il est le premier à avoir découvert tel procédé, à être parvenu à tel résultat ou à avoir eu telle idée. D'où l'importance qu'il y a à publier vite, très vite même, la priorité dans la découverte étant

le seul type de revendication personnelle que le scientifique soit à même de présenter. Seule la revue, par la rapidité de décision de publication, la rapidité, relative, des délais d'impression et de diffusion, permet de garantir au scientifique la reconnaissance de la priorité dans la découverte.

La revue est généralement diffusée sous forme d'abonnements — en dehors de quelques exemplaires vendus au numéro dans certaines librairies spécialisés —, ce qui signifie qu'elle s'adresse à un public nettement déterminé, constitué à la

---

(1) Voir plus loin p. 105.

(2) Une enquête effectuée auprès d'ingénieurs et techniciens confirme ces données. Sont cités comme source d'information par ordre d'intérêt : périodique 95 %, comptes rendus de congrès 78 %, ouvrages 71 %, thèses 67 %, rapports 59 %. *Les attentes en I.S.T.* op. cit.

fois par les chercheurs et les centres documentaires, par des spécialistes, ce qui déterminera un mode spécifique d'écriture, plus économique, la communauté de répertoires entre scripteur et lecteur étant ici très étendue.

Toutes les revues ne bénéficient pas, bien entendu, du même prestige, lié au degré de crédibilité de l'information, et la compétition est vive entre chercheurs pour pouvoir être publié dans telle revue plutôt que dans telle autre. On assiste actuellement à une véritable mondialisation de la concurrence, tout scientifique ayant la possibilité d'être publié dans une revue étrangère. C'est ainsi qu'un savant comme Jacques Monod a publié l'essentiel de ses articles dans la revue *Journal of Molecular Biology*. Le même article, selon qu'il sera publié ou non dans telle revue ou dans telle autre, sera lu ou ignoré (1). La décision de lire sera, dans bien des cas, conditionnée par le titre et la qualité de la revue dans laquelle l'article est publié. C'est là un élément essentiel de réduction d'incertitude (2).

Les critères généralement retenus pour apprécier la diffusion d'un article sont l'évaluation du nombre de citations dont il a fait l'objet ultérieurement, ce qui conduit à constater que, dans certaines catégories de revues, un pourcentage important d'articles ne sont jamais cités alors que dans une autre ils le seront abondamment (3). On considère généralement que l'article scientifique moyen fait référence à environ 13 articles antérieurs (Garfield, op. cit.) et on estime que la durée de vie d'un article est en moyenne de huit ans (Feneuille, 1976 op. cit.), ce qui signifie que la décision de lire ou non un article sera aussi fonction de l'importance et de la qualité de la bibliographie, un faible nombre de références pouvant être l'indice, relativement à son auteur, d'une information incomplète. On tiendra compte aussi de l'année de la parution, un article trop vieux ayant de fortes chances d'être dépassé dans ses conclusions et de ne présenter alors qu'un simple intérêt historique.

---

(1) Bien qu'il s'agisse là d'une question importante, nous ne traiterons pas du rôle du français comme langue à vocation scientifique internationale, notamment dans ses rapports avec la langue anglaise. On pourra consulter à ce sujet : R. CHABBAL et S. FENEUILLE, *La diffusion des résultats scientifiques suivant la revue de publication* in *Le Progrès Scientifique*, Sept. Oct. 1975, Paris, Documentation Française. On pourra aussi se reporter à l'article d'Eugène GARFIELD, *La science française est-elle trop provinciale ?* in *La Recherche* n° 70, sept. 1976, aux réponses à cet article *La Recherche* n° 72, nov. 1976 ainsi qu'à Pierre ROUTHIER, *Le français, langue scientifique - un combat à mener, La Recherche* n° 80 Juillet-Août 1977.

(2) Voir plus loin p. 114.

4. Les documents de recherche.

Même si les périodiques publient à un rythme généralement assez rapide, beaucoup de scientifiques estiment que cela est encore trop lent. L'urgence de certaines recherches les conduit *à échanger directement entre eux* les informations, sous forme de documents ronéotés, ce qui signifie qu'on ne passe plus désormais par les circuits conventionnels de l'édition et de la diffusion commerciales, mais que la transmission de l'information se fait de personne à personne, sur initiative personnelle du chercheur, le document ne présentant qu'un état provisoire de la recherche et ne donnant pas forcément lieu par la suite à une publication en revue. Il s'agit là d'une information plus fluide, moins solennelle, plus problématique que celle parvenant au stade de la publication. Il est extrêmement difficile de l'évaluer quantitativement, dans la mesure où elle n'est pas répertoriée. Signalons toutefois qu'il s'agit là d'un circuit important, essentiel même, et que plus on monte dans la hiérarchie de la recherche, plus nombreux seront ces circuits auxquels il sera possible d'accéder. Ils fonctionnent dans le cadre de ce que les scientifiques appellent le « collège invisible », c'est-à-dire l'ensemble des spécialistes reconnus à un niveau élevé de la recherche, ceux auxquels il sera constamment fait référence pour apprécier un travail ou une découverte. Par ces canaux informels circule *la recherche en cours,* ce qui permet d'avoir ainsi un accès prioritaire à des sources spéciales d'information. Quand on connaît l'intensité de la concurrence en un tel domaine et l'importance qu'il y a à publier vite, on comprendra qu'il s'agit là d'un privilège non-négligeable (1).

On pourra ainsi faire figurer dans cette catégorie les documents diffusés à l'occasion de colloques, séminaires, congrès (2), qui ne parviennent pas tous au stade de la publication proprement dite. Il s'agit souvent de pré-impressions, de pré-articles, de données provisoires de la recherche, ce qui représente, là encore, une circulation considérable de documents, non quantifiable, mais qui jouent un rôle fondamental dans la diffusion de l'I.S.T.

Notons au passage que, pour cette dernière catégorie de documents, il s'agit de circuits à diffusion restreinte, l'accès étant réservé aux seuls membres d'une communauté très limitée, constituée par les chercheurs d'un certain niveau, ou les participants aux séminaires ou aux congrès.

5. Rapports scientifiques et techniques

Reste enfin une dernière catégorie de publications qui prend d'années en années de plus en plus d'importance, celle des rapports scientifiques et techniques, publiés par des organismes de toutes sortes, publics et privés, nationaux

(1) Pour une description, critique, du fonctionnement des communautés scientifiques, on pourra lire Jean-Marc LEVY-LEBLOND et Alain JAUBERT, *(Auto) critique de la science,* Paris, Le Seuil, 1975, coll. « Science ouverte ».

(2) Sur le mode de diffusion de l'information scientifique, on peut consulter Guy BARBICHON in *Psychologie sociale* (t. 2) Paris, Larousse, 1977.

et internationaux, sur toutes sortes de thèmes, leur fonction étant généralement de dresser le bilan d'une situation donnée et de proposer des solutions. Leur diffusion peut être très variable. Cela va du rapport marqué du sceau ultra-confidentiel et tiré en cinq exemplaires, au rapport édité et mis en vente auprès du public par un service officiel de publication.

On estimait déjà, il y a quelques années de cela, qu'il s'en publiait plus de 150 000 pour la seule U.R.S.S., et que le gouvernement fédéral américain était à lui seul à l'origine de plus de 100 000 rapports chaque année (Meyriat, 1972). Ils représentent une source inestimable de données, mais dont l'accès reste très difficile, en raison du caractère restreint et souvent non-public de sa diffusion.

6. La vulgarisation scientifique.

Faut-il intégrer l'étude de la vulgarisation scientifique à celle des circuits de l'I.S.T. proprement dite, c'est-à-dire celle qui intéresse les chercheurs ? La question mérite d'être posée dans la mesure où le discours de vulgarisation emprunte bien de ses traits au discours journalistique, et n'a jamais été reconnu par la communauté scientifique.

Globalement, on peut affirmer que le discours de vulgarisation scientifique est une variante du *discours scientifique didactique* par opposition au *discours heuristique,* en ce sens qu'il vise à la fois à *former* et *informer* le lecteur. Il est bien connu que les chercheurs manifestent généralement beaucoup de réticence à l'égard d'une telle entreprise. Ils reprochent d'une part, au discours de vulgarisation d'escamoter certains aspects fondamentaux de leurs travaux — ce à quoi le vulgarisateur répliquera en disant qu'il n'en peut mais, dans la mesure où un exposé exhaustif, ou du moins plus complet, exige une formation initiale que n'ont pas les lecteurs de la V.S. —, d'autre part, et c'est à leurs yeux plus grave, de modifier le sens de la démarche scientifique qui, dans la V.S., devient un simple événement où l'accent sera systématiquement mis sur le sensationnel, c'est-à-dire ce qui est perçu comme tel par le lecteur, au détriment de l'essentiel, la démarche heuristique. Ces discours rapportés sur la science entraînent à la fois une perte et une modification de l'information jugées intolérables par beaucoup de scientifiques.

Nous retiendrons ici que le discours de V.S. sera dans son organisation générale :

— un discours de type événementiel, c'est-à-dire un discours où l'information est traitée comme événement plus ou moins sensationnel ;

— un discours où la découverte est souvent envisagée dans ses rapports avec son auteur, ce qui donne souvent un caractère anecdotique et contingent à un discours qui doit normalement être hors du temps ;

— un discours qui se voudra « lisible », en recourant à toutes sortes de procédés, typographiques, mise en page, utilisation d'images... qui facilitent certes la lecture, mais dispersent aussi l'attention ;

— un discours qui fera une large place aux métaphorants, ces procédés constituant les indices les plus caractéristiques de ce type de discours.

Qu'il suffise de se reporter par exemple à ces deux passages :

GÉNÉTIQUE : LA FIN D'UN DOGME.

... Tout comme un livre original reste confiné dans l'enceinte de la Bibliothèque nationale, l'ADN ne quitte jamais les chromosomes. L'intégrité génétique de la cellule n'est ainsi jamais mise en péril. Son « savoir » est utilisé à l'extérieur du noyau de la cellule, véhiculé par une sorte de « photocopie chimique » détruite après usage. Cette photocopie de l'ADN est une molécule baladeuse : l'acide ribonucléique ou ARN messager. Il transporte le message jusqu'aux ateliers cellulaires. Là, tout comme une machine-outil moderne exécute les pièces en suivant un programme d'ordinateur, les protéines sont assemblées selon le plan copié sur les gènes du chromosome.

extrait de *L'Express* — 10 au 16 Avril 1978

ou bien :

UNE GRENOUILLE A TRENTE-SIX MILLE KILOMÈTRES

... En plus de ce mitraillage photographique, « Météostat » relaie les informations recueillies en mer par de nombreuses stations automatiques. L'ensemble est envoyé à terre par la voie des ondes, dans l'oreille centrale du système : une immense antenne parabolique pointée sur le satellite et située en Allemagne fédérale, dans l'Odenwald. De là, les signaux sont transmis à Darmstadt où ils subissent un formidable mijotage informatique destiné à en faire des images utilisables.

extrait de *Le Nouvel Observateur* - 24 Avril 1978

Le nombre de métaphores dans ces deux extraits est considérable. Leur caractère fonctionnel est particulièrement évident. Il s'agit de rendre l'inconnu connu, de mettre à la portée du lecteur moyen ce qui relève d'un domaine de connaissance qui lui sera à jamais étranger. Un traitement informatique devient « un formidable mijotage ». On assiste, comme dans le texte sur l'ADN, au merveilleux spectacle de la science, discours mystificateur tout autant qu'éclairant.

Nous n'avons pas à juger ici des mérites ou des défauts de la V.S. (1). Le phénomène existe, son statut est ambigu. Nous ne l'apprécierons que sous l'angle de la lisibilité. Nous noterons déjà que, dans un programme d'apprentissage à la lecture du discours scientifique s'adressant à des spécialistes ou de futurs spécialistes, notamment en langue étrangère, il est pour le moins contestable de prétendre utiliser des textes de V.S. qui fonctionnent, en définitive, selon des procédures très différentes de celles mises en œuvre dans le discours scientifique authentique. L'usage de la métaphore, et souvent de la métaphore filée, dans la

(1) Sur cette question, on lira l'ouvrage de Philippe ROQUEPLO, *Le partage du savoir*, Paris, Le Seuil, 1975, Collection *Science ouverte* et l'article de Baudouin JURDANT, *La vulgarisation scientifique*, La Recherche n° 53, Février 1975.

V.S., risque fort d'être un facteur opacifiant pour l'apprenti-lecteur en français, et non l'auxiliaire de lecture qu'ils peuvent être pour le lecteur ordinaire. Pour de tels objectifs, les textes de V.S. peuvent avoir à la rigueur une fonction récréative, non une fonction d'apprentissage.

7. Pour une typologie du discours scientifique

La diversité des réalisations du discours scientifique fait qu'il n'est pas possible de l'envisager comme un discours homogène, même si, globalement, il se distingue de toutes les autres formes de discours.

Il faudra envisager en fait plusieurs types de classification, selon la nature du critère envisagé :

— *le public :*
  - textes didactiques (élèves, étudiants) ;
  - textes spécialisés (spécialistes chercheurs) ;
  - textes de recherche (spécialistes de haut niveau) ;
  - textes vulgarisés (grand public).

Ce qui peut être aussi réparti ainsi :
  - discours didactique :
    - discours didactique spécialisé (élèves, étudiants) ;
    - discours didactique vulgarisé (grand public) ;
  - discours heuristique (spécialistes) ;

— *Le degré d'organisation du texte :*
  - le compte rendu d'expérience (suite de notes prises lors du déroulement d'une expérience - succession de phrases autonomes) ;
  - l'exposé (organisation au niveau du paragraphe) ;
  - la communication (enchaînement et intégration de paragraphes) ;

textes qui varient en fonction de leur degré de cohérence interne.

— *l'étendue du domaine de référence :*
  - l'article de recherche (exposé d'une recherche exposée par son propre auteur, sur un point précis) ;
  - l'article de synthèse (le point des recherches sur une question) ;

— *les actes mis en jeu :*
  - textes descriptifs ;
  - textes explicatifs ;
  - textes prescriptifs ;
  - textes argumentatifs.

Un texte scientifique est ainsi le produit d'un certain nombre de ces facteurs et l'opération d'accession au sens consistera, pour une large part, dans l'identification de ces composants, et dans la reconnaissance de leurs dosages respectifs. C'est pourquoi il est important d'en connaître les manifestations linguistiques et discursives.

Le schéma suivant nous permettra de regrouper l'ensemble des démarches possibles adoptées par le scripteur, en vue de produire un certain type de discours scientifique, compte tenu du niveau d'intelligibilité retenu, ce dernier étant lui-même fonction du public auquel s'adresse ce discours.

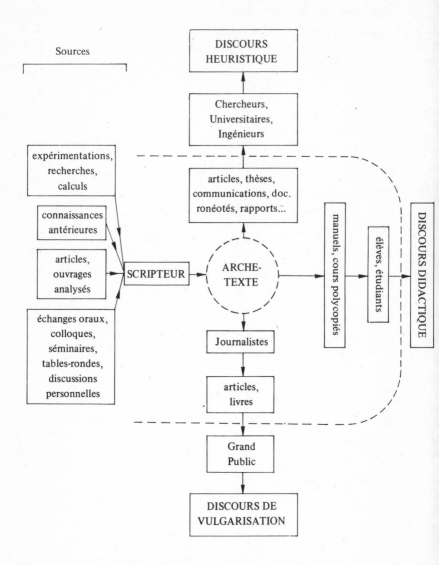

Démarches de production du discours scientifique

3. ACCÈS AU TEXTE ET APPRÉHENSION DU SENS

Le premier contact entre le lecteur et son texte est très rarement un contact spontané, direct, fortuit (1). Nous avons vu en effet que la décision de lire était dans bien des cas le dernier terme d'une série d'opérations et d'actes qui faisaient à la fois intervenir un *déjà-lu* (c'est-à-dire le savoir du lecteur sur l'auteur ou sur les textes déjà produits sur ce thème) ainsi que des *lecteurs auxiliaires,* c'est-à-dire des lecteurs chargés d'effectuer un premier tri dans l'ensemble des publications et de donner à leur propos une appréciation susceptible d'orienter le choix du lecteur et de l'aider dans son effort de lecture. Rôle dévolu à ce qu'il est convenu d'appeler la critique en littérature, par exemple.

Ce qui est vrai pour les publications « ordinaires » l'est encore plus dans le domaine de l'Information Scientifique et Technique. Il faut en effet estimer à environ 50 000 le nombre de revues scientifiques et techniques importantes dans le monde et à plus d'un million et demi chaque année le nombre de documents publiés susceptibles d'intéresser la recherche et le développement. On comprendra aisément qu'en présence d'un tel flot de publications, le spécialiste ne puisse partir seul à la quête de l'information écrite. Il doit être secondé dans sa tâche. C'est là le rôle des centres, relais et réseaux documentaires (2).

Il existe donc, en I.S.T., deux grandes catégories de lecteurs :

— les lecteurs qui inventorient, ordonnent, transforment l'information — documentalistes et traducteurs —. Leur fonction est d'informer les spécialistes de l'existence de publications intéressantes. Il traitent les textes aux fins d'un meilleur repérage de l'information ;

— les lecteurs qui consomment l'information à des fins d'utilisation personnelles — spécialistes, chercheurs —, à partir des indications fournies par les documentalistes.

Ceci nous amènera donc à distinguer deux types de publications (le critère de répartition n'est plus ici un critère institutionnel comme au chapitre précédent, mais un critère fonctionnel). D'une part *les publications primaires,* c'est-à-dire celles qui diffusent des informations, ont pour objectifs le transfert des connaissances. De l'autre *les publications secondaires,* c'est-à-dire celles qui donnent des informations sur les publications primaires. Elles peuvent prendre des formes multiples : catalogues, bulletins signalétiques, publications telles que les fameux *Comptes rendus de l'Académie des Sciences,* ou bien les publications d' « abstracts », telles que *Chemical Abstracts* qui comprend aujourd'hui plus de 4 millions de résumés publiés, ou bien l'ensemble des revues publiées par l' *Institute for Scientific Information.* Ces organismes, c'est aussi le cas du C.N.R.S. en France, publient des *profils,* standards ou personnalisés, c'est-à-dire des grilles qui permettent de trier automatiquement la documentation intéressant un secteur particulier de la recherche.

(1) Voir p. 62.

(2) Ce qui explique aussi aisément la diffusion des techniques de lecture rapide.

Les supports de cette information peuvent être le classique papier imprimé, mais aussi des bandes magnétiques, des micro-fiches, ou un écran de terminal d'ordinateur.

Signalons enfin l'existence de *réseaux documentaires,* comme le réseau EURONET en voie de constitution pour l'Europe, qui permettent à partir d'un terminal d'avoir accès à une banque de données, dans des délais extrêmement rapides, ces répertoires étant en outre constamment enrichis. Il existe ainsi dans le monde un certain nombre de réseaux, généralement spécialisés, qui sont parfois interconnectés, ce qui assure une circulation encore plus étendue de l'information.

Tout ceci au point que le traitement de l'I.S.T. est actuellement une tâche tout aussi importante, sinon plus, qualitativement et quantitativement, que la production de cette information. C'est pourquoi bien des scientifiques désireux d'apprendre une langue étrangère le font tout d'abord pour pouvoir dépouiller une bibliographie, consulter des tables de matières, d'où l'intérêt qu'il y a, dans un programme de français langue étrangère à destination de scientifiques étrangers, à commencer par un travail d'initiation à la lecture de données bibliographiques, de références documentaires (Alvarez, 1977).

1. La représentation de l'information.

Si nous nous intéressons d'un peu plus près à cet aspect de la question, c'est avant tout parce que nous sommes en présence d'une activité qui correspond, dans sa forme la plus rigoureuse, à ce qui est traditionnellement appelé la lecture, et qui devient ici *analyse de contenu* ou *analyse documentaire.*

Le documentaliste est en effet un lecteur dont la tâche consiste à donner de l'information contenue dans le texte la représentation la plus rigoureuse et la plus objective. Ce sera à la fois un travail d'*analyse* et de *transcription.* Cette analyse devra être objective, c'est-à-dire que l'opérateur ne doit pas faire intervenir sa propre appréciation dans l'inventaire des données informationnelles du texte, elle devra être aussi exhaustive, c'est-à-dire qu'elle n'omettra aucun aspect du texte, il faut aussi qu'elle soit méthodique, c'est-à-dire qu'elle obéisse à des règles explicitées et non à la seule intuition de l'opérateur, enfin qu'elle puisse être aussi quantitative, c'est-à-dire qu'elle permette d'aboutir à des évaluations mesurables (les travaux conduits par Pierre Guiraud en statistique lexicale appliquée à des textes littéraires ou par Bernard Quemada et son équipe relèvent de cet aspect de l'analyse de contenu).

Ce travail de manipulation et de transformation exige le recours à un langage de représentation qui peut être soit le langage naturel, soit un langage spécialement construit à ces fins appelé *langage documentaire,* système sémantique conçu à partir d'un ensemble de symboles affectés d'une signification conventionnelle, ce que de façon plus détaillée Cros, Lévy, Gardin définissent ainsi « Par langage documentaire, nous entendons tout ensemble de termes, et le cas échéant de procédés syntaxiques conventionnels, utilisés pour représenter un certain contenu des documents scientifiques aux fins du classement ou de la recherche rétrospective des informations. L'ensemble des termes (mots-clés, descripteurs...) forme ce que nous appellerons un « lexique documentaire » ; ces lexiques se présentent tantôt comme de simples listes alphabétiques de mots-clés (ex : dictionnaire de termes normalisés, recommandés pour le résumé ou l'indexation des documents), tantôt comme des classifications particulières, où la place de chaque mot-clé (ou vedette, rubrique, etc.) indique certains rapports privilégiés qu'il entretient avec les autres. » (1968).

Cette documentation peut être élaborée et traitée manuellement, elle peut être aussi, sur certains points, automatisée pour tout ce qui est tri et collationnement, ce qui n'exclut pas pour autant des recherches sur l'analyse automatique de textes scientifiques (1).

Ce souci de rigueur dans la représentation de l'information, tout à fait compréhensible de la part de scientifiques soucieux de limiter au maximum la perte d'information qu'entraîne le traitement documentaire, conduit à écarter toutes les méthodes intuitives, trop marquées par la personne de l'opérateur, la prise d'information sur un texte n'étant pas, nous l'avons vu, une opération rigoureuse et objective, et à rechercher des procédures d'analyse méthodiques susceptibles de donner du texte l'analyse la plus fidèle.

En réalité, l'opération d'analyse obéit à des règles qu'il n'est pas toujours aisé de formaliser, encore moins d'automatiser. Retenons que, dans tous les cas, il s'agit :

— de condenser le contenu pour limiter le temps de recherche de l'information ;

— de normaliser l'expression de ce contenu, en utilisant les mêmes termes (mots-clés) pour renvoyer à des notions ou des sujets analogues ;

Nous entreprendrons ici un bref inventaire des procédures de condensation, repris de René Mucchielli (op. cit., 1974), à des fins ultérieures d'exploitation pédagogique. Pourront donc être considérés comme représentatifs du contenu d'un document :

(1) Nous n'aborderons pas ici l'analyse de tous les problèmes que pose l'analyse de contenu des documents scientifiques. Pour une introduction à ces questions on pourra lire : Michel PECHEUX *Analyse automatique du discours,* Paris, Dunod, 1969 ; Jean-Claude GARDIN *Les analyses de discours,* Neufchâtel, Delachaux et Niestlé, 1974, ; René MUCCHIELLI *L'analyse de contenu des documents et des communications,* Paris, éd. E.S.F., 1974. Pour une étude plus détaillée des langages documentaires, on pourra lire Maurice COYAUD *Introduction à l'étude des langages documentaires,* Paris, Klincksieck, 1966, ibid. *Linguistique et documentation,* Paris, Larousse, 1972. Pour une étude sur l'application des langages documentaires et les procédures d'analyse de contenu, on lira : R.C. CROS, J.C. GARDIN, F. LEVY *L'automatisation des recherches documentaires — un modèle général — le Syntol,* Paris, Gauthier-Villars, 1968 ; Maurice COYAUD et Nelly SIOT-DECAUVILLE *L'analyse automatique des documents,* Mouton, 1968 ; pour une réflexion sur ces problèmes appliqués aux sciences humaines, se reporter à M. BORRILLO et J. VIRBEL *Analyse et validation dans l'étude des données textuelles* Paris, C.N.R.S., 1977.

— le titre (titre court/titre développé). Si le titre est convenablement rédigé, il faut admettre qu'il donne une représentation fidèle du contenu du document (cf. p. 47 et 69 sur l'utilisation du titre dans la lecture de presse) et peut servir de point de départ à l'analyse du document ;

— l'index, c'est-à-dire la liste des mots-clés du texte ;

— la table des matières ;

— le résumé.

Cette dernière catégorie est en fait celle qui pose le plus de problèmes, tant du point de vue théorique que pédagogique, c'est pourquoi nous développerons ce point plus particulièrement. On distinguera :

— le résumé indicatif, de 50 à 100 mots, donnant une description détaillée du contenu. Par exemple, le résumé suivant, dans ses rapports avec le titre et le texte in extenso (13 pages) :

CONDUITES INTELLECTUELLES ET ACTIVITÉ TECHNIQUE

Werner ACKERMANN et Guy BARBICHON

Le souci d'amélioration des méthodes d'apprentissage technique et de leur efficacité ont inspiré une étude sur les conduites intellectuelles d'ouvriers et d'agents techniques des industries chimique et électronique.

Une première analyse des matériaux recueillis dans cette étude donne lieu ici à la description de certains comportements intellectuels qui ne sont point considérés sous le seul angle des opérations mais sous celui de l'activité cognitive complète avec ses éléments intellectuels, émotionnels, psycho-sociaux.

(Bulletin du C.E.R.P. 1963 - XII - n° 1).

— le résumé informatif, c'est-à-dire le résumé indicatif + les conclusions de l'auteur. Il est plus développé, de 100 à 300 mots environ ;

— l'extrait (abstract), résumé constitué par une série de phrases directement prélevées dans le texte, et reliées entre elles par des termes connecteurs, ou des phrases élaborées par l'opérateur pour homogénéiser ces différents extraits ;

— le condensé, c'est-à-dire le résumé dans sa forme la plus développée.

Ce sont là des techniques qui correspondent à des pratiques courantes. Le résumé informatif correspond à la *fiche de lecture* qu'il est souvent demandé à des étudiants d'établir. L'extrait, c'est la *prise de notes* à l'occasion d'une lecture, genre mixte, puisque l'on combine des phrases de l'auteur aux siennes propres, c'est une revue du type *Lire* qui publie chaque mois des extraits d'ouvrages à destination du grand public ; le condensé, c'est la technique utilisée dans certaines revues dont la plus célèbre est le *Reader's Digest,* dans ses multiples éditions nationales, pratiques donc familières à tous mais qui, dans le cadre de la documentation scientifique, doivent acquérir un statut méthodologique véritable.

On considérera, en gros, qu'il existe deux techniques de résumés, celles qui partent de prélèvements de passages du textes — citations, extraits — et celles qui donnent lieu à des *reformulations* et qui sont beaucoup plus complexes. Il s'agira donc de déterminer à chaque fois quels sont les termes ou les unités lexicales qui représentent le mieux les notions les plus importantes du texte, éventuellement d'essayer de relier ces termes entre eux, d'établir une sorte de réseau notionnel, syntaxe réduite du texte, de façon à conserver toute la substance de sens, tout en modifiant considérablement la réalisation verbale, puisqu'un article de 6 000 mots se transforme en un résumé de 70 mots.

C'est retrouver ici tous les problèmes que posent à un niveau scolaire des exercices comme *la contraction de texte* ou *la prise de notes*. Les méthodes proposées jusqu'à maintenant en ce domaine sont en effet pour le moins décevantes. Les ouvrages qui prétendent offrir aux étudiants ou élèves une technique de la prise de notes ou du résumé sont généralement des recueils de textes, plus ou moins arbitrairement choisis, suivis de conseils extrêmement vagues du type : « relevez les passages importants », mais comment ? « résumez l'idée essentielle » certes, mais comment ? « soyez clairs, soyez brefs », certes, et qui ne voudrait pas l'être ? quand ce n'est pas suivi parfois de conseils plus ou moins cocasses sur la nécessité d'avoir du papier et des crayons, voire de porter des lunettes si on a mauvaise vue. Rien par contre sur les techniques de sélection des passages importants, sur les procédés de réécriture, rien sur les critères sémantiques et sémiotiques susceptibles d'orienter l'effort d'analyse et de reformulation de l'étudiant.

Il y a là un domaine où, de façon particulièrement heureuse, peuvent se rejoindre des préoccupations théoriques, rapport entre langages documentaires et théories sémantiques, et pédagogiques, définition de procédures d'accès au sens des textes. Nous essaierons d'examiner plus loin le profit qu'il y a à tirer de ces techniques pour la définition d'une pédagogie de la lecture des textes scientifiques.

2. L'accès au texte

Nous allons essayer, dans le schéma page suivante, de représenter, de façon très sommaire, les procédures mises en œuvre pour décider de la lecture ou de la non-lecture d'un texte.

La décision de lire sera prise au terme d'une série de choix opérés à partir de l'interprétation d'un certain nombre d'indicateurs sémiologiques externes (1) : titre de l'article ou de l'ouvrage ; 2. nom de l'auteur et sa place dans et par rapport au « collège invisible » ; 3. le nom de la revue ; 4. le résumé et/ou la bibliographie. Cette série d'opérations ayant pour fonction de lever, du moins partiellement, l'incertitude du lecteur sur l'état du texte (1). C'est à ce niveau.

(1) Voir plus haut p. 48.

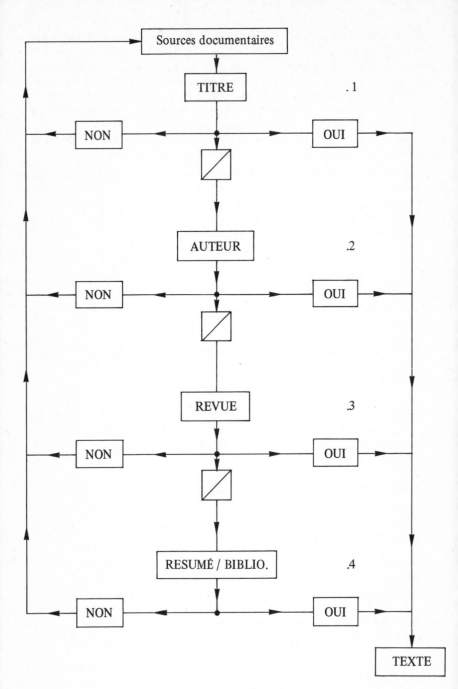

qu'intervient le savoir préalable du lecteur, qui seul lui permettra d'évaluer prospectivement la qualité du texte :

— par ce qu'il sait déjà de l'auteur : s'agit-il d'un chercheur confirmé ou d'un inconnu ?

— par ce qu'il sait de la revue : s'agit-il d'une revue réputée par la qualité de ses articles ou non ?

— par ce qu'il connaît de la recherche en cours : la bibliographie citée, l'appareil de références, de citations, tout ce qui relie ce texte aux autres textes déjà produits (1), tout cela signale-t-il un chercheur informé ou non ?

A chaque niveau, trois possibilités se présentent : soit juger l'article inintéressant et repartir aux sources documentaires à la recherche d'autres documents, soit s'estimer suffisamment informé et se reporter immédiatement au texte, soit éprouver le besoin de disposer d'indications supplémentaires et partir à la recherche de nouveaux indices.

L'acte de lecture, en fait, commence bien avant la prise de contact effective entre le lecteur et son texte, ceci de sorte que, pourvu d'hypothèses fortes, le lecteur puisse accéder au sens du texte avec le minimum d'efforts, et dans le minimum de temps.

3. La lecture du texte

La conduite de lecture sera bien entendu fonction de l'attente du lecteur, qui ne saurait dans tous les cas être identique.

Si l'on s'en tient dans l'immédiat au lecteur scientifique, par opposition au lecteur de V.S. :

— immédiatement après le titre, on lira la bibliographie, qui constitue une information préalable essentielle pour préjuger de la validité du texte. Si un certain nombre de références estimées fondamentales par le lecteur sont absentes, cela pourra signifier que l'auteur est mal informé, et donc que sa recherche est peu intéressante. De la même manière, un nombre trop restreint de références peut aussi signifier que le chercheur ne dispose pas de toutes les sources d'information souhaitables, toutes données qui ne feront pas préjuger favorablement de la qualité du texte ;

— on lira ensuite la conclusion, généralement beaucoup plus intéressante que l'introduction, qui obéit surtout à des conventions rhétoriques auxquelles le scripteur se prête plus par habitude que par nécessité. Le conclusion sera le lieu du texte où le scripteur, après avoir exposé les résultats et leur mode d'obtention dans le corps de l'article, les évaluera, ce qui constitue pour le lecteur une indication extrêmement précieuse. Par exemple :

(1) De même que dans le discours littéraire, il existe aussi un phénomène d'intertextualité dans le discours scientifique ; le texte actuel, celui qu'on est en train de lire, prenant aussi sa signification par rapport à l'archi-discours que constitue la somme de tous les discours produits sur un problème donné.

« En conclusion, nous avons confirmé, précisé et étendu les résultats de notre étude préliminaire. Malgré les conditions très sévères ($R = I$; ρ grands), le nouveau développement a permis d'atteindre, avec une précision chiffrable, des grandeurs qui étaient encore mal connues. *Le test positif* effectué sur le modèle fictif du mouvement plan, *justifie* la transposition de la même technique au problème spatial.

Tant que le paramètre k n'est pas optimalisé analytiquement, la nécessité de sélectionner k_0 par tâtonnement *alourdit, il est vrai,* la procédure ; *cependant,* la courbe k_0 (ρ) *peut constituer* une abaque de référence établie une fois pour toutes.

Enfin, *si,* comme on l'a vu, la forme donnée à l'équation *comporte une part d'arbitraire que l'on retrouve ailleurs* dans certaines méthodes générales d'étude de la convergence, *du moins se prête-t-elle* à une exploitation à l'ordinateur très semblable à celle de l'équation non perturbée. » (C.R. Académie des Sciences Paris (T. 277, n° 2 - Physique des fluides) où nous avons souligné tous les termes ou expressions renvoyant à un jugement de l'auteur sur son propre travail. Notons, au passage, que c'est dans la lecture de tels textes que des scientifiques étrangers à la langue française rencontreront le plus de difficultés, puisque le scripteur a recours à des formes purement linguistiques, c'est-à-dire celles qui constituent l'obstacle le plus important à la compréhension. On ne manquera pas, dans un programme d'apprentissage du français, langue scientifique, d'accorder une large place aux *modalisateurs,* aux *appréciatifs,* qui se manifestent très souvent dans le lexique ;

— les objectifs de lecture pourront varier selon que :
- - le lecteur lit pour lui-même, il est intéressé surtout par les résultats de la recherche ;
- - le lecteur lit pour les autres, en vue d'élaborer un cours par exemple. Il pourra s'intéresser plus au mode d'obtention des résultats, à la démarche de recherche exposée dans l'article ;

— la lecture est dirigée. L'objectif de lecture est matérialisé par des opérations de soulignement ou de traçage de traits verticaux dans la marge, qui ont pour fonction de constituer des ensembles d'éléments jugés intéressants. Il s'agit en somme de renforcer l'intensité du signal (1), pour en faciliter la perception, à l'occasion d'une seconde lecture, d'isoler dans le continuum du texte des blocs signifiants qui constitueront *le noyau dur* du texte. L'opération, bien que menée intuitivement, n'est pas sans rappeler celles qui sont entreprises en analyse documentaire, et qui consistent à prélever des passages estimés importants et qui, mis bout à bout, peuvent constituer une *représentation du contenu* du texte. Travail de palpation du texte qui vise à repérer les noyaux sémantiques lourds du texte, opérations qui mettent en jeu, nous le verrons un peu plus loin, des procédures de reconnaissance formelle et aussi de réécriture ;

(1) Voir plus haut p. 29.

— il faut rappeler cependant que les trois quarts du temps de lecture sont consacrés à interpréter les tableaux, les schémas, les calculs, c'est-à-dire à travailler hors du champ du linguistique, dans les lieux du texte où se concentre l'activité heuristique à son plus haut niveau d'abstraction, la linguistique du texte pouvant en quelque sorte être assimilé à un tissu interstitiel, dont la fonction est somme toute secondaire. La lecture scientifique est en fait la résultante de la lecture de trois langages différents :

- le langage naturel, constitué par le linguistique du texte, ce qui sert à présenter, justifier, baliser ;
- le langage formel, constitué par les formules, les calculs ;
- le langage graphique, constitué par l'ensemble des graphiques, courbes, tableaux éventuellement, tout ce qui permet de présenter les données sous forme autre que verbale et formelle.

Ainsi une sémiotique du texte scientifique ne saurait se limiter à l'étude des phénomènes purement linguistiques, mais devrait prendre en compte l'ensemble des langages utilisés, pour les envisager notamment dans leur complémentarité (1), l'effet global de sens résultant de la combinaison de ces trois dispositifs sémiotiques.

En définitive, la démarche d'ensemble de lecture consistera :

— à *repérer* les passages susceptibles de retenir l'attention, ce que l'on pourra appeler une lecture critique ;

— à *identifier* ces passages, c'est-à-dire à les caractériser, à faire un bilan des éléments d'information qu'ils apportent, une lecture orientée ;

— à *interpréter* ces éléments identifiés, c'est-à-dire évaluer, commenter, discuter éventuellement, une lecture donc interprétée.

La lecture d'un texte scientifique, comme bien d'autres lectures d'ailleurs, ne saurait être assimilée à un processus linéaire de décodage, mais à une succession de balayages, de plus en plus précis, de plus en plus fins, lecture en profondeur même dans la mesure où l'on passe, progressivement, de balayages en balayages des éléments de surface du texte aux noyaux sémantiques, selon des démarches que nous allons essayer de décrire en vue d'esquisser ce que pourrait être une pédagogie de la lecture des textes scientifiques.

4. ENTRAINEMENT A LA COMPRÉHENSION

Il existe plusieurs manières d'entrer dans un texte, elles dépendent de la stratégie propre à chaque lecteur. Il ne s'agira donc pas de définir un parcours uniforme d'apprentissage, mais d'envisager un certain nombre d'exercices possi-

(1) Dans le discours de V.S., il faudrait prendre en compte le rôle des images, qui sont destinées à représenter les idées ou les théories exprimées linguistiquement dans le texte.

bles que le professeur pourra combiner selon son public, son niveau de classe et ses objectifs. On considérera les exercices portant sur :

- la recherche des mots-clés ;
- le repérage de relations logiques ;
- l'analyse d'énoncés descriptifs ;
- la mise en évidence de l'articulation rhétorique et logique du texte.

1. Recherche des mots-clés d'un texte.

La détermination des *mots-clés* d'un texte peut être considérée comme le premier exercice de sensibilisation à l'analyse de contenu des documents scientifiques.

Par mot-clé, il faut entendre les termes qui sont supposés pouvoir donner du texte la représentation sémantique la plus fidèle, ceux qui sont le plus chargés de sens, ceux qui constituent les noyaux sémantiques autour desquels s'organisera le texte, qui renvoient en fait aux notions-clés, le mot n'étant ici que la manifestation linguistique de ces notions.

Le problème de la recherche de ces mots et de la mise en œuvre de procédures d'extraction adéquates fait l'objet de nombreuses discussions en analyse documentaire (M. Coyaud, 1967, op. cit.). Il ne s'agira donc pas de proposer aux élèves des méthodes d'extraction scientifiquement déterminées, mais de leur apprendre simplement, à partir d'une analyse formelle de type relativement élémentaire, à repérer ces termes autrement qu'en recourant à la seule intuition.

Nous ne ferons qu'indiquer ici certaines procédures, sans les exemplifier, faute de place. On pourra envisager :

- l'analyse du titre de l'ouvrage ou de l'article. Si le titre est convenablement rédigé, il doit comprendre l'essentiel des mots-clés du texte. On demandera aux élèves de rechercher dans le texte les mots présents dans le titre et leurs synonymes ;

- l'élimination des *mots-vides* du texte, c'est-à-dire des mots dont le sens est trop vague, trop imprécis, ainsi que les mots-outils, articles, pronoms, l'élimination pouvant être aussi morphologique par élimination des terminaisons verbales. Travail qui correspond à celui de l'anti-dictionnaire en analyse documentaire ; puis seconde étape, normalisation des termes qui subsistent, par réduction des synonymes à une liste de mots-types, qui constitueront les mots-clés du texte.

- un décompte fréquentiel des termes, à n'envisager que sur des textes d'un minimum de quatre à cinq pages si l'on veut que ce décompte soit significatif, les mots de sens plein les plus fréquents pouvant être considérés comme les mots-clés du texte ;

ces opérations pouvant être envisagées isolément ou être combinées. On apprendra ainsi aux élèves, au terme de la lecture d'un texte, à en dresser tout d'abord

118

la liste des mots-clés, ce qui constituera la première mise en place de ce qui sera plus tard le réseau notionnel du texte. Il est évident qu'auprès d'un public de scientifiques de langue étrangère, l'intérêt de l'exercice résidera non pas dans la découverte du procédé, qu'ils doivent déjà connaître dans leur langue maternelle, mais simplement dans la connaissance du système de synonymie propre à la langue française. Il faut se souvenir que des contraintes stylistiques particulières au français font que l'on veut y éviter à tout prix les répétitions. Les scripteurs se voient donc dans l'obligation de faire usage d'un nombre de termes importants, d'anaphoriques très variés pour renvoyer très souvent à la même notion. On apprendra ainsi à des lecteurs étrangers à percevoir au-delà de la variété du matériel linguistique utilisé les constantes sémantiques du texte.

2. Repérage des relations logiques

Un texte scientifique, c'est avant tout la transposition en langage naturel de types de raisonnement fondés sur un certain nombre d'opérations logiques, et lire un tel texte revient, en première analyse, à rétablir un certain nombre de relations logiques de base, à partir de réalisations linguistiques souvent fort diversifiées. Il faut donc envisager toute une gamme d'exercices portant sur des textes très courts, dans lesquels on apprendra aux élèves à repérer ces relations logiques. Par exemple :

● *repérage de la relation causale.*

Ce type de relation apparaît de façon extrêmement fréquente dans le discours scientifique, notamment dans la phase explicative, lorsqu'il s'agit de donner les raisons d'un phénomène. Cette relation est très rarement exprimée par *parce que* mais bien plus par un lexique à valeur logique du type :

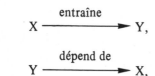

X représentant l'antécédent et Y le conséquent de la relation. On apprendra à l'élève, à partir d'énoncés relativement courts, à :

— extraire du texte les éléments X et Y ;
— indiquer le sens de la relation qui les unit ;

par exemple :

— il se forme par temps sec, en arrière de l'à-pic, parallèlement à son bord, des fentes dans lesquelles les eaux de ruissellement pénètrent, provoquant l'éboulement ;

— quant à la diffusion du mal, si l'eau peut jouer un rôle de tout premier plan à l'échelle locale, on ne saurait lui attribuer, dans tous les cas, la responsabilité de la propagation à longue distance ;

— le flux diffusé résulte de différentes contributions ; effet compton, agitation thermique, fluorescence et imperfection du réseau ;

— les grandes dimensions du cône sous-pulmonaire sont à l'origine du fait que l'artère à laquelle il sert de support se soit trouvée à un niveau plus haut et plus antérieur que l'aorte ;

— la suppression de certains champs et la coupe des forêts privent les bourdons de fines fleurs sauvages qu'ils butinaient ;

— la fumée du tabac sur des souris réduit aussi l'immunité humorale.

Le travail d'apprentissage consistera à paraphraser ces énoncés à l'aide de formes plus connues, par exemple :

— il y a eu éboulement parce que les eaux de ruissellement ...
— il y a réduction de l'immunité humorale parce qu'il y a la fumée du tabac etc.

Ce travail de réécriture consiste à ramener des énoncés formellement différents à un schéma profond identique, ce schéma pouvant être exprimé soit verbalement par une forme linguistiquement élémentaire, c'est-à-dire non susceptible d'une réécriture plus élémentaire, et qui exprimera de la façon la plus « pure » le contenu logico-sémantique de l'énoncé, soit une représentation schématique évitant le problème que pose l'utilisation du langage, par exemple :

dans chaque carré étant inscrit les termes renvoyant aux éléments X et Y, la liaison orientée indiquant le sens de la relation.

Notons au passage un problème qui est pédagogiquement fondamental. Dans la perspective ainsi définie, lire consiste, à partir de l'auscultation de la surface discursive du texte, à identifier les contenus logico-sémantiques, ces contenus, rappelons-le, n'ayant pas de statut linguistique. Le problème qui se posera à l'enseignant comme à l'élève sera celui de la représentation de ces contenus. A quelle procédure de représentation devra-t-on recourir pour parvenir à une représentation non-ambiguë de ces contenus, à une évaluation objective de cette représentation par le professeur ? Se servir du langage à cet effet peut poser bien des problèmes. Dans un cas limite, on peut se trouver en présence d'un élève étranger qui est parvenu à identifier ces contenus, mais qui est incapable d'en donner une représentation verbale correcte. D'où l'intérêt de recourir à des systèmes de représentation formalisés — schémas, codes chiffrés —, pour éviter toute ambiguïté.

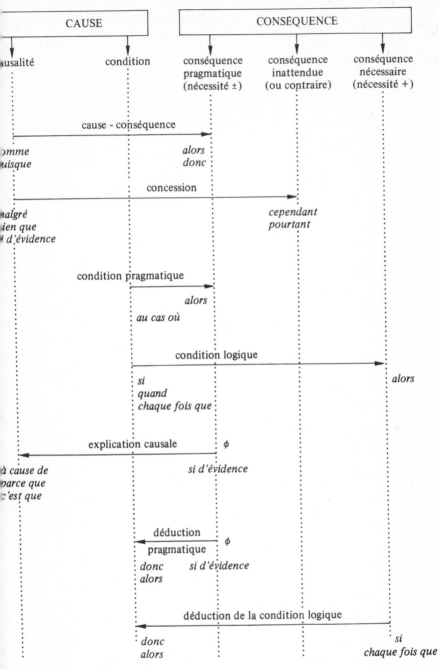

121

Il est bien évident que la relation causale n'est pas la seule à se manifester dans le discours scientifique. Il faudra apprendre à l'élève à repérer l'ensemble des relations *cause-conséquence*. On peut ainsi recourir au tableau des relations logiques extrait de la *Grammaire notionnelle* de Janine Courtillon (cf. page précédente), in *Un Niveau Seuil,* (c) Conseil de l'Europe.

Pour chacune des relations envisagées, on examinera leur réalisation linguistique. Les élèves disposeront ainsi d'une grille de *lecture en logique* des énoncés, la vérification de la compréhension pouvant se faire très simplement, en affectant chaque relation d'un chiffre, et en demandant à l'élève de placer devant chaque énoncé qui lui est proposé le chiffre correspondant à la relation logique telle qu'elle figure dans le tableau. L'exercice suivant consistera à travailler non plus sur des énoncés isolés, mais sur des textes qui comprendront ces différentes relations, selon un ordre aléatoire et dans toutes sortes de réalisations linguistiques.

3. Réseaux notionnels

Nous avons vu qu'une des premières tâches de l'apprenti-lecteur pouvait être de relever dans un document les mots-clés, c'est-à-dire les termes véhiculant les notions essentielles du texte, ce qui permet de dresser ainsi un premier bilan informatif du texte (On trouve très souvent un inventaire des mots-clés d'un texte dans *l'index* des termes cités qui figurent en fin d'ouvrage.)

Toutefois, dans cette première forme, un tel inventaire ne peut donner qu'une représentation extrêmement appauvrie du contenu du texte. Il serait intéressant de passer à l'étape suivante, c'est-à-dire de corréler ces termes entre eux au moyen d'un certain nombre de relations syntaxico-sémantiques, passer donc à un degré supérieur de représentation du contenu du texte par la mise à jour du réseau notionnel. Il s'agira en somme d'établir entre les mots-clés des relations logiques, non point sur la base des relations logiques telles qu'elles figurent dans les grammaires et que nous avons examinées précédemment, mais de relations sémantico-logiques à portée plus générale.

A titre d'exemple, nous pouvons nous référer ici au réseau notionnel proposé par Maurice Coyaud et Nelly Siot-Decauville (1967, op. cit.) dérivé du modèle général d'analyse documentaire *le Syntol* (1). Il consiste en l'ensemble des relations susceptibles d'être établies entre les notions-clés figurant dans le texte ou l'énoncé d'un texte, c'est-à-dire que dans l'acte de lecture du document scientifique il s'agira de percevoir au-delà de la surface du discours ces différents types de relation, retrouver une constante de sens dans la diversité des réalisations linguistiques : par exemple, la relation *X dans Y* pouvant correspondre

(1) *Syntol,* abréviation de *Syntagmatic Organization Language,* à ne pas confondre, malgré l'apparente analogie, avec les langages informatiques comme le Cobol ou l'Algol. Il s'agit ici d'un langage documentaire. Lire R. Cros, J.C. Gardin, F. Lévy, (1968, op. Cit.), *Aspects théoriques du Syntol* pp. 96 à 125.

n surface linguistique à : figurer dans, faire partie de, être inclus dans, apparte-
ir à, etc.

RELATIONS DU RÉSEAU NOTIONNEL

Grand type 1	Type 2	Sous-type 3	Forme externe 4	
Statique	Relation de « qualification » (instrumental, attributif...)	X qualifie Y	X → Y	RELATION ASSO-CIATIVE
		X qualifié par Y	X ← Y	
	Locatif	X dans Y	X → Y	
		Y dans X	X ← Y	
Dynamique	Relation concernant une « action »	X agent d'une « action » Y	X → Y	
		X objet d'une « action » Y	X ← Y	
	Relation concernant « entités » ou « états »	X agent d'un objet Y	X → Y	CONSÉ-CUTIVE
		X objet d'un agent Y	X ← Y	

Tableau extrait de Maurice Coyaud et Nelly Siot-Decauville
L'analyse automatique des documents (p. 65, éd. Mouton)

Le travail consistera, à partir d'un énoncé ou d'une suite d'énoncés, à identifier la relation sous-jacente telle qu'elle peut figurer dans le tableau ci-dessus.
Lire un texte scientifique reviendra à projeter cette grille sur la surface des mots
pour repérer, discriminer, identifier les signaux perçus. Cette grille correspond à
ce que Pottier appelle (1974), la phase de *conceptualisation* ou de *réduction*
sélective de la référence au moment de la production du discours. Comprendre
le message reviendra à retrouver ce mode de réduction de la référence, étant
entendu qu'en communication spécialisée le système de conceptualisation est
identique chez l'émetteur et le récepteur, ce qui facilite considérablement les
opérations de décodage. (cf. B. Pottier, *Linguistique Générale*, éd. Klincksieck).

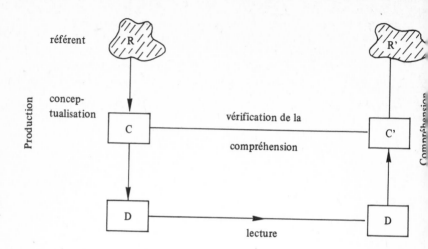

Schéma de la communication d'après Bernard Pottier

On peut supposer que ce réseau notionel a été utilisé au moment de la phase de conceptualisation C et qu'il a permis d'élaborer le discours D. En lecture, le récepteur induira la grille sélective C' à partir des signaux linguistiques perçus il y aura compréhension complète s'il y a superposition complète des deux grilles C et C', dans tous les autres cas, elle ne sera que partielle. L'intérêt des réseaux notionnels élaborés dans le cadre des analyses documentaires est de donner corps à ce qui n'avait jusqu'ici qu'un statut purement métaphorique. On parlait déjà de grilles d'interprétation, sans toutefois savoir quelle forme elles pouvaient prendre.

Par contre, on peut disposer de cette manière de systèmes de repérages ayant réellement statut d'existence et disposer ainsi d'un instrument précieux de vérification de la compréhension. Pédagogiquement, le travail consistera à apprendre aux élèves, à partir d'énoncés divers ou de suite d'énoncés, voire de paragraphes, à représenter les réseaux perçus, soit sous forme de schéma, soit au moyen de la réécriture de ces énoncés en énoncés élémentaires.

Les spécialistes d'analyse documentaire pourront trouver désinvolte l'usage qui est ainsi fait de grilles élaborées avec un soin infini, et qui ne prétendent nullement à l'exhaustivité dans la description des contenus des textes séman- tiques. Il serait toutefois regrettable de ne pas essayer de tirer profit d'une démarche d'analyse qui recoupe sur bien des points le travail classique du professeur de français, mais combien plus intuitif.

Notons au passage l'intérêt que présente une telle approche des textes pour des exercices classiques mais combien décevants dans la méthodologie jusqu'alors proposée, tels que la contraction de texte ou la prise de note. Partant du principe

e le résumé de texte consiste à le réécrire de telle manière que soit intégrale-
ent conservé le sens dans une forme verbale plus économique, la possibilité de
sposer au préalable de réseaux notionnels, le fait de pouvoir repérer les mots-
és, tout cela doit permettre un apprentissage de la contraction de texte fondé
r des principes de réécriture intelligibles et reproductibles de textes en textes.
en va de même pour la prise de notes, qui est aussi un exercice de reformulation
alogue à celui du résumé.

Le Syntol n'est pas le seul type de langage documentaire susceptible de nous
téresser. Chaque domaine de savoir doit normalement engendrer un type parti-
lier de langage documentaire et privilégier un certain type de relation. Il
porte avant tout de retenir le principe d'un tel apprentissage en le fondant
r des bases d'analyse plus rigoureuses.

Enoncés et textes descriptifs

L'activité scientifique est un savoir construit à partir de faits d'expériences
ui feront l'objet de descriptions. Un texte descriptif, des énoncés descriptifs
nvoient à un en-deçà du discours, c'est-à-dire à des données non-verbales qui
ront l'objet d'une représentation normée.

Lire un énoncé descriptif sera, à partir de la perception d'un certain nombre
 signaux linguistiques organisés en système, être capable, mentalement, de se
présenter l'objet, l'expérience, le phénomène décrit.

Considérons, par exemple, le texte suivant et la représentation de son contenu
ans la colonne de droite :

CONSTITUTION DE L'ESTOMAC

 paroi de l'estomac se compose de quatre
niques séreuses superposées qui sont, de
hors en dedans, les tuniques séreuse,
usculaire, sous-muqueuse et muqueuse.

 La tunique séreuse ou péritonale
mprend deux feuillets qui adhèrent aux
ces antérieure, et postérieure de l'estomac.
es feuillets se constituent le long des cour-
res avec ceux des épiploons.

 La tunique musculaire est contituée par
ois plans de fibres (...).

La tunique sous-muqueuse est une
uche de tissu cellulaire lâche.

 La tunique muqueuse.

> d'après Henri ROUVIERE
> *Anatomie humaine*
> éd. Masson

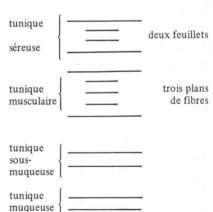

Représentation schématique

125

Accéder au sens de ce texte, c'est être capable de reconstituer la paroi de l'estomac telle qu'elle est décrite verbalement. Ceci suppose de la part du lecteur, au préalable, une double compétence :

— disposer d'un système de représentation, sorte de forme intellectuelle virtuelle susceptible d'être projetée sur un objet donné et de lui donner sens. Toute description est finalisée, toute description scientifique est la projection d'une hypothèse explicative sur une donnée de la réalité. Il y aura donc une façon de décrire une plante, un métal, un paysage etc., une grille donc qui variera selon les champs de savoir envisagés, un modèle au sens le plus abstrait du terme qui servira d'ossature au texte ;

— connaître l'ensemble des termes qui, en français, expriment une *détermination spatiale*, définissent les catégories de l'existence, et permettent d'attribuer des qualités ou des propriétés (1) ;

On pourra ainsi amener les élèves à identifier certaines catégories de *l'être* — l'existentiel locatif par exemple — dans des énoncés où elles se manifestent de façon extrêmement diverses :

Essai de reconstitution du climat de l'Europe
au cours de la dernière glaciation

« Une immense calotte glaciaire *couvre* le Nord de l'Europe. Son centre de dispersion le plus important *se trouve dans* les Alpes de Scandinavie. Un autre calotte glaciaire *couvre* l'Ecosse, la majeure partie de l'Islande et de l'Angleterre. La mer du Nord *est* en partie *couverte* par les glaces. Les Alpes *sont* aussi *couvertes* d'une calotte glaciaire. D'autres îlots englaciés *se trouvent dans* les Vosges, la Forêt-Noire, le Massif Central, les Pyrénées... Le niveau marin est à peu près jalonné par l'isobathe - 90 - 100. La Manche et les Dardanelles *n'existent pas*. La partie Nord de l'Adriatique *est occupée* par la terre ferme. Un lac intérieur *couvre* la mer Noire et la mer Caspienne. Un climat froid de toundra règne entre les calottes glaciaires du N et celles des Alpes. Le loess y *prend* parfois *une grande extension*...

N. THEOBALD — *Fondements géologiques de la préhistoire*
Doin éd. (1972) p. 5

---

(1) Se reporter ici aux catégories de *l'être* (p. 249 - 251) dans le chapitre *Actance* de la *Grammaire notionnelle* de Janine Courtillon (1977, op. cit.) ainsi qu'au chapitre *Détermination* (p. 265) du même ouvrage.

outes les expressions soulignées pouvant se paraphraser par : «là, il y a ». On proposera donc des textes qui, à chaque fois, privilégient une catégorie de sens pécifique pour en étudier les diverses réalisations linguistiques et les retrouver par la suite, mêlées, dans des textes plus longs et plus complexes, avec toujours e même souci, identifier des constantes de sens derrière des réalisations linguis-iques de surface. On notera au passage que les énoncés descriptifs sont des ènoncés relativement autonomes, que les liaisons anaphoriques y sont peu nombreuses, que, par contre, les exophoriques (1) y abondent, la cohérence lu texte se fondant sur l'existence d'une saisie intellectuelle sous-jacente − le modèle descriptif − qui renvoie à une schématisation du réel. Il faut aussi appeler que le texte peut être accompagné de documents iconographiques qui peuvent aider au décodage (2).

On pourra aussi apprendre aux élèves à repérer les composantes d'un système lonné, ce qui conduira à étudier les formes de *l'énumération.* A partir, par exemple, de cette description d'une plante, extraite de A. Théron et J. Vallin - Extrait *des Sciences Naturelles 1ère D - Ecologie,* chapitre 5, Etudes des Plantes appartenant à des milieux divers - collection Ch. Désiré, éd. Bordas).

« Si nous disséquons une fleur *en allant de* la périphérie *vers* le centre, nous trouvons :

1) Un calice *formé de* cinq sépales, petites lames vertes de forme ovale soudées à leur partie inférieure.

2) Une corolle *composée d'*un tube court et *d'*une partie étalée horizon-talement ou même recourbée vers l'arrière. On peut y reconnaître cinq lobes à extrémités nettement séparées. Ce sont les cinq pétales de la fleur. Et comme ces pétales sont soudés, on dit qu'il s'agit d'une fleur gamo-pétale.

3) Une andracée *constituée de* cinq étamines. Une étamine *est formée de* plusieurs parties :

   - un petit pédoncule, le filet, soudé à sa base au tube de la corolle. Les filets alternent avec les lobes étalés des pétales ;

   - chaque filet supporte une anthère ovoïde renflée *comportant* deux loges polliniques, chacune *composée de* deux sacs polliniques. »

Un travail de nature identique peut être entrepris sur la détermination tem-porelle, si le phénomène envisagé est décrit dans son évolution temporelle.

A ce niveau, le meilleur moyen de contrôler la compréhension consistera à demander aux élèves d'établir le schéma qui correspond au texte qu'ils vien-nent de lire. Le domaine de la description est en fait considérable, tant les modes le décrire varient selon les spécialités. Précisons toutefois qu'elles recourent à un

1) Cf. plus haut p. 71.

2) Cf. plus haut p. 49.

matériel linguistique particulièrement important et qu'elles présentent des difficultés de compréhension relativement plus importantes que dans d'autres cas
dans la mesure où leur cohérence au niveau du texte est relativement faibl

5. Analyse rhétorique

Les exercices que nous venons très rapidement de passer en revue peuven
être qualifiés d'exercices systématiques d'entraînement à la lecture, en ce sen
qu'ils s'appliquent à des textes très courts, ou à des extraits regroupés par série
analogiques, c'est-à-dire par séries qui s'organisent autour d'une catégorie d
sens donnée, par exemple une série de textes se rapportant à la relation expli
cative, une autre série ayant trait à l'expression, à l'expression de l'attributio
d'une propriété, etc. Il s'agit d'apprendre à l'élève à identifier un nombre re
treint de catégories de sens fondamentales, sous des réalisations linguistique
diverses.

Il reste, pour passer à une deuxième dimension de l'apprentissage, à habitue
l'élève à la lecture de textes longs, dans leur forme véritable, depuis le compt
rendu de deux pages jusqu'à l'article de vingt ou trente pages. L'objectif d
l'exercice est de familiariser l'élève au repérage de la structure globale du text
compte tenu du type de discours auquel on a affaire (1).

Si l'on travaille, par exemple, sur l'article de synthèse, c'est-à-dire les texte
dans lesquelles l'auteur expose un état de la question, confronte les différente
hypothèses en présence, les directions de recherche possible, on pourra procéd
comme suit :

— analyse de la structure sur un texte court : résumé d'article ;

— analyse de la même structure sur un texte plus long, type compte rendu d
l'Académie des Sciences ;

— analyse de la structure sur un texte de plus grande longueur : 3 à 4 page
à partir de revues de vulgarisation ou de revues semi-spécialisées, par exempl
La Recherche ;

— analyse de la structure sur un article de grande longueur : de 10 à 30 page
tels qu'ils peuvent paraître dans les revues spécialisées.

Il s'agit d'apprendre à repérer le fonctionnement d'une structure de texte
son articulation rhétorique, non plus sur une demi-page, mais sur un ensembl
complet de grande longueur, par passage progressif à des textes de plus en plu
longs. On rendra les élèves attentifs au repérage des *articulateurs rhétorique*
(d'un côté, de l'autre ; tout d'abord ; la première hypothèse avancée est que...)
pour pouvoir segmenter le texte en blocs cohérents d'une part, et pouvoir le
relier par la suite en une démarche claire d'exposition.

---

(1) Se reporter à la typologie des textes présentée p. 83. L'organisation du texte dépendra
bien entendu, de sa nature. Tout programme d'apprentissage devra donc être précédé pa
une étude sur le type de textes que l'on veut faire apprendre à lire.

Nous ne pouvons ici, faute de place, envisager le détail de cette progression. Nous donnerons un seul exemple d'exercice de lecture à partir d'un article de Jean Audouze, extrait de la revue *La Recherche* n° 46 - Juin 1974, éd. du Seuil.

Pourquoi les supernovæ explosent-elles ?

Dans les galaxies, et en particulier dans la nôtre, un phénomène grandiose et important se produit environ tous les trente ans : une étoile que rien ne distingue de ses voisines subit une explosion rapide et très puissante. L'étoile émet alors une énergie de l'ordre de 10^{50} à 10^{52} ergs avec une puissance de dix milliards de fois supérieure à celle d'une étoile ordinaire ; c'est ce qu'on appelle l'explosion d'une supernova. Lorsqu'un tel événement survient dans une galaxie extérieure à la nôtre, la supernova est aussi lumineuse que le reste de la galaxie. Dans notre Galaxie, plusieurs explosions de ce type ont été observées : la supernova observée en 1054 par les astronomes chinois a donné naissance à la nébuleuse du Crabe. Citons aussi les supernovæ Tycho (1572) et Kepler (1604). Les astronomes ne seraient pas étonnés si l'on avait la chance d'observer prochainement un tel événement dans notre Galaxie, le dernier remontant à plus de 300 ans. L'observation d'un tel événement avec les techniques actuelles permettrait certainement de faire de très grands progrès dans diverses branches de l'astronomie, comme par exemple l'astronomie X, gamma, ou encore l'étude du rayonnement cosmique galactique.

Les mécanismes de cette explosion sont encore très mal connus. Plusieurs solutions ingénieuses ont été proposées, certaines tout récemment, (1) mais aucune n'est vraiment à l'abri des objections et des critiques.

Une première interprétation : la photodésintégration du fer.

On suppose depuis longtemps que les supernovæ sont des étoiles en fin d'évolu-

(1) N. Sutantyo, *Astron. Astrophys., 31,* 339, 1974. *Nature, 248,* 208, 1974.

tion. Cette évolution est gouvernée principalement par les réactions nucléaires qui se produisent dans les régions centrales de l'étoile et qui en modifient la composition chimique. Par une série de réactions bien connues maintenant, l'hydrogène se transforme en hélium — les étoiles sont alors sur la séquence principale ; l'hélium se transforme lui-même en carbone et oxygène lorsque l'étoile devient une géante rouge ; puis le carbone et l'oxygène se transforment en éléments plus lourds comme le magnésium et le silicium, et ce jusqu'au fer. La nucléosynthèse induite par les réactions entre particules chargées s'arrête à cet élément dont le noyau est le plus stable. Une étoile, à ce stade, peut être schématiquement considérée comme constituée de zones à peu près concentriques. Dans les régions les plus profondes, donc les plus denses et les plus chaudes, les réactions nucléaires conduisent à la formation de noyaux plus lourds comme ceux du fer, dont la synthèse nécessite des températures de l'ordre de 4 milliards de degrés. A ces températures très élevées, le nombre de photons créés par libération d'énergie thermique et de rayonnement est extrêmement élevé. Ce nombre croît avec la température selon une loi en puissance 4 (loi de Planck). Or à toute réaction de fusion nucléaire correspond une réaction de photodésintégration suivant le schéma :

$$A + B \xrightarrow[\text{photodésintégration}]{\text{fusion}} c + \gamma$$

Si le nombre de photons devient élevé, on déplace donc l'équilibre dans le sens de la photodésintégration. Les mécanismes de photodésintégration sont endothermiques, c'est-à-dire qu'ils ont tendance à prendre de l'énergie dans le gaz où ils se produisent. Dans le cas qui nous intéresse, une étoile en fin d'évolution qui aurait synthétisé le fer en son centre peut voir celui-ci subir des réactions de photodésintégration et se transformer en hélium selon

$$^{56}Fe + \gamma \rightarrow 4\,n + 13\,^4He$$

Cette réaction très fortement endothermique absorbe une grande quantité d'énergie. Pour suppléer à cette perte, le cœur de l'étoile qui subit ce processus est amené à se contracter sur lui-même pour libérer de l'énergie gravitationnelle. Cette contraction s'accompagne d'une chute des couches qui entourent le centre sur celui-ci. Lors de cette chute, le matériel qui constitue ces couches est donc porté très rapidement à des températures plus élevées que celles qu'il avait auparavant. Comme ces couches sont constituées d'éléments plus légers que le fer, l'oxygène par exemple, ceux-ci peuvent encore subir des réactions de fusion exoénergétiques. Ces réactions de fusion induites à ces températures très élevées « s'emballent » et engendrent une explosion au centre de l'étoile qui se transmet à son ensemble. Ce mécanisme proposé par Fowler et Hoyle en 1964 (2) serait à l'origine de l'explosion des supernovæ. L'étude hydrodynamique complète de cette hypothèse n'a pas encore été effectuée. Il est encore difficile de dire si ce modèle rend compte convenablement de l'explosion. On ne sait pas en particulier si une étoile subissant ce genre de mécanisme explose effectivement.

La détonation explosive du carbone.

Un autre modèle, proposé par Arnett en 1969, (3) a été établi à partir d'une étude statistique du taux de naissance des étoiles en fonction de leur masse. En comparant ce taux avec celui des explosions de supernovæ, il apparaît que les étoiles de masse comprise entre 4 et 8 masses solaires doivent très vraisemblablement évoluer en supernovæ. Les régions centrales très denses de ces étoiles sont constituées principalement de carbone, et les électrons qui s'y

trouvent sont dégénérés. Cela signifie en particulier que la pression qu'ils exercent sur le gaz se découple de la température. En d'autres termes, la pression ne peut plus servir alors de régulateur pour la température. La température peut donc s'élever sans contrepartie significative sur la pression. Cette élévation non contrôlée de température contribue à une vive accélération des taux de réaction de fusion du carbone. Ces réactions de fusion en s'accélérant dégagent une très grande quantité d'énergie qui fait exploser l'étoile. Ce modèle a malheureusement l'inconvénient de faire exploser l'étoile sans laisser subsister le reste, ce qui est contraire à l'observation. De grands efforts sont actuellement déployés pour modifier ce modèle de façon que les régions centrales ne subissent pas une explosion complète. (4)

Quand des neutrinos transportent de l'énergie.

Les modèles d'explosion de supernovæ présentés jusqu'ici, photodésintégration du fer et détonation du carbone, se heurtent tous deux au problème de l'évacuation de l'énergie vers les couches extérieures de l'étoile. Des explications plus ou moins satisfaisantes ont été proposées. Citons en particulier l'hypothèse très ingénieuse proposée par Colgate et White (5) en 1966. Selon ces auteurs, les neutrinos qui sont produits en grand nombre dans les régions centrales très chaudes et en contraction seraient absorbés par la matière qui entoure ces régions et lui céderaient leur énergie. Cette énergie contribuerait au chauffage et à l'explosion de ces couches superficielles. Ce comportement des neutrinos peut paraître paradoxal quand on se souvient que les neutrinos peuvent traverser des quantités de matière aussi importantes que celles qui constituent le Soleil. Toutefois, dans le cas des supernovæ, les quantités de matière à traverser sont beaucoup plus importantes, et surtout les neutrinos émis par le centre des supernovæ sont beaucoup plus énergé-

(2) W.A. Fowler et F. Hoyle, *Astrophysical J. (supplements), 91,* 9, 201, 1964.

(3) W.D. Arnett, *Astrophys. Space Sci., 5,* 180, 1969.

(4) Voir les nombreux articles dans le livre *Explosive Nucleosynthesis,* D.N. Schlamm, W.D. Arnett, University of Texas Press, 1973.

(5) S.A. Colgate et R.H. White, *Astrophys. J., 143,* 626, 1966.

tiques (au moins cinquante à cent fois) que les neutrinos émis par les étoiles de type solaire, ce qui augmente très fortement leur probabilité de capture (proportionnelle au carré de l'énergie des neutrinos). Ce mécanisme prédit en particulier la formation au centre des supernovæ d'une étoile à neutrons. Cette propriété permettrait de comprendre l'existence des pulsars observés dans les restes de supernovæ comme dans la nébuleuse du Crabe (voir *la Recherche*, n° 8, p. 13). Cependant, malgré sa grande ingéniosité, cette hypothèse rencontre plusieurs difficultés : la principale d'entre elles est que ce mécanisme de transfert d'énergie par les neutrinos ne semble pas assez efficace et, partant, ne permet pas d'éjecter une quantité de matière suffisante pour expliquer les caractéristiques observées des supernovæ.

Le ralentissement du pulsar central.

Dans les modèles décrits jusqu'ici, le pulsar trouvé dans les restes de supernovæ se forme par contraction gravitationnelle de ces régions centrales pendant ou après l'explosion des régions plus superficielles. Ostriker et Gunn ont imaginé, en 1971, une situation diamétralement opposée : dans leur modèle, la formation du pulsar s'effectue selon le même processus physique mais avant tout phénomène explosif. L'explosion des régions superficielles serait due à un transfert d'énergie provenant du pulsar lui-même. L'énergie cinétique des couches extérieures en expansion et la luminosité de la supernova proviendraient du transfert de l'énergie de rotation de l'étoile à neutrons aux couches externes de la supernova. Selon Ostriker et Gunn, l'axe de rotation du pulsar ne coïncide généralement pas avec son axe magnétique. [6] D'autre part, les pulsars se ralentissent ; leur période de rotation augmente au cours du temps. Cette énergie de rotation perdue par l'étoile à neutrons est transférée aux couches externes de la présupernova par des ondes électromagnétiques engendrées par le couplage entre le moment cinétique et le moment magnétique de pulsion. Ce transfert d'énergie est en fait très

(6) J.P. Ostriker et J.E. Gunn, *Astrophys., J. Lett., 164,* L 95, 1971.

élevé : les vitesses de rotation du pulsar et leur champ magnétique (supérieur à 10^{12} gauss) sont tout à fait suffisants pour expliquer le débit d'énergie élevé (10^{50} à 10^{52} ergs) et l'explosion et l'expansion de la supernova.

Un problème extrêmement intrigant subsiste, c'est celui de l'évolution de la luminosité des supernovæ au cours du temps. Rappelons que les supernovæ montrent généralement un maximum de luminosité de 1 à 100 milliards de fois celle du Soleil qui dure d'une vingtaine de jours à un mois, puis une décroissance de luminosité suivant une loi plus ou moins exponentielle s'étendant sur un à deux ans. La vitesse d'expansion des couches externes est de plusieurs milliers de kilomètres par seconde.

Un problème à l'ordre du jour : la décroissance de la luminosité.

Les plus anciennes suggestions pour expliquer les caractéristiques de la courbe de lumière ne sont pas expressément liées au mécanisme de l'explosion lui-même mais plutôt à la radioactivité de certains produits de la nucléosynthèse. Par exemple E.M. Burbidge, G.R. Burbidge, Fowler et Hoyle ont attribué en 1957 la forme de la courbe de lumière à la fusion spontanée du californium-254 qui a une durée de vie de l'ordre de 50 jours. [7] Il semble difficile de croire que la production de cet élément par capture rapide de neutrons soit suffisante pour expliquer un tel débit d'énergie. D'autre part, rien ne dit que la courbe de lumière visible suive la même loi de variation en fonction du temps que le débit d'énergie par radioactivité. Dans le même genre d'idées, Colgate et Mac Kee ont tenté en 1969 d'expliquer la courbe de lumière des supernovæ par la production par nucléosynthèse explosive de ^{56}Ni, qui se désintègre en 6 jours en ^{56}Co, qui se désintègre lui-même en 77 jours en ^{56}Fe. [8]

La compréhension de la forme de la courbe de lumière est plutôt liée, nous

(7) E.M. Burbidge, G.R. Burbidge, W.A. Fowler et F. Hoyle, *Rev. Mod. Phys., 29,* 547, 1957.

(8) S.A. Colgate et C. Mac Kee, *Astrophys. H., 157,* 623, 1969.

semble-t-il, au mécanisme de l'explosion lui-même. Les modèles les plus récents, et en particulier celui proposé par Kirshner et ses collaborateurs (9), lient la forme de la courbe de lumière à la propagation de l'onde de choc, générée par l'explosion dans les couches externes de la supernova, ou encore, si l'on en croit l'hypothèse d'Ostriker et Gunn, à la transmission de l'énergie de rotation du pulsar par ondes électromagnétiques aux couches externes de la supernova.

L'explosion d'une supernova et ses manifestations photométriques ou cinématiques apparaissent donc très complexes. Ces problèmes sont l'objet de recherches très actives et l'on espère comprendre prochainement non seulement la physique de ces objets étranges, mais aussi la nucléosynthèse qui s'y déroule. Les supernovæ constituent l'une des énigmes les plus difficiles mais aussi les plus passionnantes que les astrophysiciens aient à déchiffrer.

Jean Audouze.

(9) R.P. Kirshner, J.B. Oke, M.V. Penston, L. Searle, *Astrophys. J., 185,* 303, 1973.

La Recherche n° 46, Juin 1974, éd. du Seuil

On peut alors demander aux élèves :

1. de repérer la partie consacrée à *l'exposé du problème* et à la *conclusion.*

2. dans la partie *conclusion* repérer les phrases ou segments de phrases qui constituent des éléments de réponse à la question posée dans le titre. Repérer dans l'introduction les éléments de mise en place qui correspondent aux réponses apportées en conclusion.

3. repérer dans l'introduction les éléments qui annoncent le plan de l'article.

4. repérer dans l'ensemble du texte les éléments de *disposition.* On peut par exemple les faire souligner d'une couleur identique à la couleur utilisée pour souligner les éléments d'annonce du plan.

5. isoler chaque développement particulier du précédent par un double trait.

On pourra alors passer à la seconde étape, celle de l'interprétation du texte. Il est aussi possible, à partir de ce travail d'analyse, de demander aux élèves de rédiger un résumé du texte — l'ensemble des éléments soulignés peut constituer une bonne ossature de résumé.

On pourra étudier plus en détail, si on le souhaite, le fonctionnement de certains lieux stratégiques du texte — introduction, conclusion, éléments de transition... —.

Il est possible de concevoir une multitude d'exercices de ce type. Leur nature dépendra du niveau de départ des élèves, tant en langue que dans la spécialité, et de leurs besoins effectifs, du fait que l'on travaille en langue maternelle ou en langue étrangère. Dans ce dernier cas, on n'omettra pas de tirer parti de tout ce qui peut permettre de réduire l'incertitude initiale, d'exploiter tous les indicateurs possibles d'énonciation (nom de l'auteur, titre de la revue, etc.), de tous les autres codes qui fonctionnent dans le texte — images, graphiques, langage formel... — l'accès au signifié du linguistique se faisant par déduction opérée à partir du travail d'analyse pré-textuelle.

Ces différents exercices doivent être progressivement intégrés, l'acte authentique de lecture incluant aussi bien le repérage des notions-clés que de la structure rhétorique du texte. Est-il besoin de rappeler que la lecture, comme activité de reconnaissance, ne peut s'opérer que par mise en rapport du système textuel et de modèles interprétatifs disponibles chez le lecteur. Ces données de référence devront donc lui être fournies, soit préalablement, soit simultanément au travail de lecture. Mais un programme d'entraînement à la lecture des textes scientifiques passera impérativement par une certaine mise en place du linguistique, mais aussi par la mise en évidence des modèles épistémologiques qui sous-tendent l'organisation d'un discours. C'est à ce propos que pourrait être précieux l'apport d'une pédagogie de l'image permettant de représenter, par une symbolique appropriée, ces modèles interprétatifs qui structurent le texte en profondeur.

Tout ceci implique d'autre part que l'on revoie de fond en comble les procédures d'évaluation généralement adoptée en compréhension écrite. Les exercices à trous ou tests de closure, les Questionnaires à Choix Multiples (Q.C.M.), qui figurent parmi les plus connus, sont en fait des instruments d'évaluation singulièrement pauvres et de peu d'intérêt dans les résultats qu'ils présentent. Un test ne peut se construire qu'en fonction de la nature du comportement que l'on se propose d'évaluer. Il faut donc réinventer les tests de compréhension écrite, dans le domaine scientifique comme dans tous les autres domaines du discours écrit, à partir de ce que nous savons des conduites de lecture effectives des utilisateurs de documents et du mode de fonctionnement des documents.

A moins de cela, on ne pourra que constater, et déplorer, l'immense décalage existant entre la complexité des objectifs d'apprentissage que représente la lecture en I.S.T. et la pauvreté de l'instrument d'évaluation.

LA LECTURE DES TEXTES TECHNIQUES

La tradition veut que l'on regroupe sous le même label — I.S.T. — des textes d'origine très différentes et qui répondent à des attentes souvent fort variées. Les besoins des utilisateurs en *information technique* ne sont pas assimilables à ceux des scientifiques, et cela pour deux raisons :

— il ne s'agit pas, dans le domaine technologique, de faire progresser le savoir en soi, mais de parvenir à des réalisations évaluables en termes de coûts, de rendement, de fiabilité, et cela dans un contexte économique donné ;

— le public, dont l'éventail est plus ouvert puisqu'il va du simple O.S. à l'ingénieur, mettra constamment l'information lue en rapport avec une situation concrète d'utilisation possible. La nécessité d'un décodage parfait sera absolument impérative, une erreur de compréhension peut avoir des conséquences graves tant du point de vue humain (problème de la sécurité dans le travail) qu'économique.

D'autre part, l'I.T. (Information Technique) fait partie d'un ensemble de canaux d'information assez différents de ceux qui fonctionnent dans le domaine scientifique. On a pu en répertorier 9 (*Les attentes des utilisateurs* en I.S.T.*, 1977, op. cit.*) :

1. littérature : ouvrages professionnels et techniques, journaux professionnels, matériaux écrits accessibles au public ;

2. fournisseurs : représentants des fournisseurs ou documentation fournie par eux ;

3. clients : représentants des services demandeurs de projets ou documentation émise par ces services ;

4. sources externes : dossiers extérieurs à l'entreprise n'appartenant pas à l'une des catégories ci-dessus ;

5. équipe technique : ingénieurs ou scientifiques de l'entreprise, non concernés directement par le projet ou l'étude ;

6. recherches parallèles : tout autre projet précédemment ou simultanément étudié dans l'entreprise, sans considération de source ;

7. discussion en groupes ; idées formulées comme résultats de travail de groupe sur le projet précis ;

8. expérimentations : idées qui sont le résultat d'essais ou de simulations expérimentales ou mathématiques ;

9. autres services : informations obtenues d'un autre service ou d'une autre entreprise.

Le technicien — ce terme est pris ici dans son sens le plus large, sans considération de grade ni de responsabilité — sera en gros amené à lire trois grandes catégories de textes :

— *les textes prescriptifs,* c'est-à-dire les notices de montage, les modes d'emploi, les conseils d'entretien, les consignes de sécurité, ce qui constitue très certainement la gamme la plus fournie et la plus répandue des textes techniques ;

— *des textes* que, faute d'une dénomination plus adéquate, nous nommerons les catalogues, où sont décrits de nouveaux procédés, de nouveaux matériels ;

— *des textes* que faute d'une dénomination plus adéquate nous nommerons *informatifs,* c'est-à-dire des textes qui combinent à la fois un aspect descriptif et argumentatif ; on étudie un procédé nouveau, une nouvelle technique, un nouveau matériel, en les évaluant par rapport à des procédés ou des matériels déjà existants, textes fonctionnant souvent selon un schéma alternatif (pour/contre), où sont constamment confrontés avantages et inconvénients, la somme des avantages, au terme de l'étude, devant contrebalancer celle des inconvénients, dans un contexte donné d'utilisation ;

– *des textes didactiques* essentiellement constitués par l'ensemble des manuels et ouvrages en usage dans les collèges, lycées et établissements d'enseignement supérieur techniques.

Il y aura donc autant de lectures « techniques » qu'il y a d'attentes, l'accès au sens étant chaque fois défini par l'aptitude du lecteur à localiser dans le texte les séquences essentielles d'information à partir du repérage de signes linguistiques annonciateurs de ces séquences. Lire consistera à identifier les contenus sémantiques du texte à partir des réalisations discursives de surfaces, multiples, souvent complexes.

Le problème d'accès au sens sera d'une certaine manière moins difficile à enseigner et à évaluer, dans une certaine mesure du moins, par le fait que ces contenus sémantiques ont un statut d'existence concrète – matériau, matériel, manipulation d'un outil ou d'une machine – ou qu'ils peuvent être représentés par des systèmes sémiotiques à valeur monosémique – graphiques, tableaux, schémas, etc. –.

Eléments pour une pédagogie d'entraînement à la compréhension écrite.

Nous n'envisagerons pas ici le détail de ce que peut être une pédagogie de la compréhension de documents techniques rédigés en français, un ouvrage spécialisé devrait y être consacré. Nous signalerons simplement quels doivent être les grands objectifs à atteindre et les moyens d'y parvenir, pour chacune des grandes catégories de textes que nous avons évoquées un peu plus haut.

Textes prescriptifs.

Une prescription technique, dans sa formulation la plus stricte doit indiquer :

– l'objet sur lequel elle porte ;
– le moment de l'intervention ;
– la localisation exacte de l'intervention – statique ou dynamique – ;
– le mode d'intervention ;
– la finalité de l'intervention.

Elle peut en outre être modalisée, en totalité, ou sur un aspect seulement, compte tenu de l'importance accordée par le scripteur à la prescription. Lire ce type de texte consistera donc :

– à partir du déroulement du discours lu, à rétablir l'ordre chronologique effectif des opérations à entreprendre ; savoir par exemple, il s'agit ici d'un cas très simple, passer de l'ordre :

$$A \qquad\qquad\qquad B$$

- A —— B dans l'énoncé : avant la mise en marche du moteur, s'assurer que tout fonctionne normalement à la main,

- à l'ordre réel des opérations B A ;

– à reconnaître les contraintes d'intervention – à quel endroit exact faut-il intervenir ? avec quels moyens précis ? de quelle manière exacte ?

— à placer sur une échelle d'intensité la prescription ainsi reconnue — c'est-à-dire faire la différence entre « s'assurer » et « bien s'assurer que », entre « il faut absolument » et « il vaut mieux que ».

Lire un texte de cette nature, c'est pouvoir replacer les données sémantiques du texte dans le schéma suivant :

OPÉRATIONS	RESTRICTIONS	
chronologie	localisation	mode d'intervention
JUSTIFICATION (évent.)		
MODALISATION (évent.)		

ce qui peut, par exemple s'appliquer au texte suivant (Notice technique relative à l'emploi et à l'entretien des appareils respiratoires en service à la Société — S.N.P.A., 1973).

6.6. Mise en position de protection (fig. n° 31)

A) Avant l'équipement, **procéder aux opérations de contrôle** suivantes :

1. s'assurer de la durée de fonctionnement de l'appareil.

   Saisir le manomètre et observer l'aiguille, ouvrir lentement le robinet de la bouteille, constater que l'aiguille balaie la totalité des secteurs colorés, indiquant ainsi que l'appareil peut fonctionner quatre quarts d'heure.

   Refermer le robinet.

2. s'assurer du bon fonctionnement de l'avertisseur.

   Armer légèrement le bouton remontoir, lâcher, la sonnerie retentit.

   Ouvrir le robinet de la bouteille, armer à nouveau l'avertisseur en tournant le bouton d'un demi-tour, ce qui a pour résultat de dissimuler le voyant rouge.

   Fermer le robinet et observer le manomètre.

   S'assurer que lorsque l'aiguille atteint le secteur rouge, la sonnerie retentit en faisant réapparaître le voyant rouge.

Nota : Ces opérations de contrôle doivent être faites assez rapidement.

Ne pas laisser le robinet ouvert inutilement, l'appareil étant à débit constant élevé, la durée d'utilisation doit être décomptée à partir de l'ouverture de la bouteille.

B) Après avoir effectué ces opérations de contrôle, **s'équiper** de la façon suivante :

1. Placer l'appareil sur le dos en engageant le bras dans la bretelle portant le manomètre, qui doit toujours être agrafée.

En ce qui concerne les textes descriptifs, présentation d'un matériel nouveau, d'un outillage particulier etc., l'objectif de lecture consistera à faire extraire du texte les éléments d'information estimés pertinents, en disposant de la grille suivante :

cet(te)   - appareil
          - outil   sert à / au
          - machine	

- se caractérise par - est fondé sur le principe de	

- se compose de
    - est muni(e) de
    - est équipé(e) de	

- évite de
    - ne présente pas l'incon-
      vénient de	

- permet de - présente l'avantage de	
- est utilisé dans pour	

qui constitue l'organisation sémantique profonde du texte. En présence de textes techniques de ce type, les élèves disposeront d'un système de repérage des éléments d'information du texte, la grille remplie constituant la représentation du contenu d'information du texte.

Elle peut, à titre d'exemple, s'appliquer aux textes suivants, très courts, puis être transposée à des textes de dimension plus importante.

d'un poste à l'autre. Cette disposition permet d'effectuer certaines opérations « hors soudage » sur un poste pendant qu'est réalisée le soudage d'une pièce sur l'autre poste.

La cadence de production fixée à 560 pièces/heure situe cette installation dans le cadre des travaux réalisés en série automobile.

Service Lecteurs - Rédaction n° 529

Soudage à l'étain

Ce pistolet de soudage permet, sans flamme ni étincelle, de souder à l'étain du tube cuivre jusqu'à un diamètre de 20 mm. Il fonctionne sous 220 V avec une puissance de 230 W. Le temps de chauffe est d'environ 8 mn.

Il existe également pour souder des tubes jusqu'à 42 mm de diamètre ; sa puissance est alors de 600 W.

L'accumulation de la chaleur permet de réaliser plusieurs soudures dans les minutes qui suivent le débranchement.

Service Lecteurs - Rédaction n° 530

Machine automatique de soudage

Cette machine permet de souder deux arbres de sortie sur l'axe principal de direction de véhicules lourds. Elle est équipée de deux torches M.I.G. CO_2 permettant une

production horaire de 4 axes. L'épaisseur soudée peut atteindre 38 mm en plusieurs passes pré-programmées. Les torches sont refroidies à l'eau.

Service Lecteurs - Rédaction n° 531

Chalumeau électronique

Ce chalumeau portatif, muni d'un dispositif piézo-électrique, s'allume automatiquement : par simple pression du pouce sur un bouton situé à la partie supérieure de la poignée. Ce nouvel avantage permet d'allumer et d'utiliser le chalumeau d'une seule main.

Il fonctionne sur une cartouche d'une grande capacité permettant un débit constant. Ce chalumeau est livré avec une buse « pilotée » multi-utilisations permettant d'obtenir, grâce à sa bague de réglage d'air et un robinet de gaz de type micro-métrique, des puissances de flamme de 600° (flamme molle) à 1 850° (flamme dure).

Sa poignée permet de réaliser sans fatigue de la main tous les travaux quelle que soit la position.

Service Lecteurs - Rédaction n° 532

Etuve à flux

D'une dimension hors tout de 930 x 660 x 660 mm, cette étuve peut contenir 120 kg de flux. Elle peut être alimentée en 220 ou en 380 V triphasé. Les six résistances blindées sous fourreaux étanches immergés dans le flux permettent d'atteindre une puissance de 3 000 W. La température est réglable jusqu'à 380°C. L'homogé-

néité de la température est obtenue par des doubles parois latérales et une sole chauffée ; l'épaisseur du calorifuge est de 100 mm. L'étuve a des pieds réglables en hauteur et escamotables.

La sortie du flux s'effectue par une trappe latérale avec goulotte.

Service Lecteurs - Rédaction n° 533

TRAITEMENTS THERMIQUES

Machine de trempe au défilé horizontal

Cette machine est à chargement continu, elle sert à la trempe superficielle de pièces rondes dont les diamètres varient entre 8 et 20 mm et les longueurs entre 50 et 500 mm. Elle est alimentée en énergie haute ou moyenne fréquence. La tension du réseau est de 380 V - 50 Hz triphasé et la tension auxiliaire de 220 V - 50 Hz. La vitesse de défilé, réglable en continu, est de 8 à 75 mm/s, la rotation des tambours s'effectue soit à 45 ou à 90 t/mn.

La machine est particulièrement destinée au traitement de pièces en grandes séries. Son domaine d'application se situe dans l'industrie automobile, l'industrie mécanique en général, la construction d'outils et les ateliers de tournage à façon.

Service Lecteurs - Rédaction n° 534

Fours à induction

Ces fours, mis au point pour les besoins des industries de l'électronique, du nucléaire et de l'aéronautique, peuvent atteindre 3000°C. Ils permettent les traitements thermiques d'alliages réfractaires, la détermination des caractéristiques des métaux ou matériaux réfractaires, le frittage de matériaux réfractaires tels que les composés céramique-métal, la synthèse physico-chimique d'éléments ou de composés pyrolitiques. Ces opérations peuvent être effectuées sous vide primaire ou secondaire, sous atmosphère neutre ou réductrice.

Pour éviter les effets secondaires de décharge à très haute température, ces fours sont alimentés en moyenne fréquence 3000 ou 10000 Hz.

Le four est constitué d'un cœur (susceptor, couvercle et fond) en graphite ; d'un isolant thermique ; couche de feutre graphite ; d'un isolant thermique ; couche de feutre graphite ; d'un inducteur refroidi par eau ; de supports ; d'une enceinte du four en acier inox refroidi par eau et éventuellement d'un dépôt de cuivre intérieur.

Service Lecteurs - Rédaction n° 535

Eléments chauffants

L'utilisation de fibre de verre renforcée d'une base siliceuse permet la fabrication d'éléments chauffants fins et de ce fait

88 – Machine Moderne, Mars 1978

LIRE L'ARGUMENTATION

Lire l'argumentation relève de l'expérience quotidienne. L'argumentation est partout présente, dans le discours politique, économique, juridique, idéologique, présente dans les sciences humaines et dans les sciences exactes aussi, partout dans la presse et dans les livres.

Discipline ancienne, l'argumentation, proche parente de la rhétorique, a fait l'objet d'études nombreuses et approfondies, toutes données donc qui devraient nous aider à mieux connaître, d'une part les opérations d'engendrement du sens dans le discours argumenté, ainsi que les procédures d'accès au sens lorsqu'on se place du point de vue du lecteur.

Ces dernières années, l'argumentation connaît manifestement un regain considérable d'intérêt (1). Etudes et recherches se multiplient, provenant d'horizons divers, philosophie, sociologie, logique, anthropologie ... Mais l'aspect proprement discursif, et notamment l'étude des manifestations linguistiques de l'argumentation, reste dans l'immédiat relativement négligé, ce qui laisse entier le problème de sa lecture.

En fait, l'argumentation en est encore à se définir, ayant à la fois à se situer par rapport à la démonstration proprement dite et de l'autre par rapport à la rhétorique classique. Nous ne rentrerons pas dans le détail de ces questions qui ne relèvent pas des préoccupations fondamentales de cet ouvrage, mais nous essaierons cependant de caractériser aussi clairement que possible le discours argumenté dans la mesure où l'on ne saurait définir des conduites de lecture sur des objectifs qui n'ont pu être définis au préalable.

1. DÉFINIR L'ARGUMENTATION

Nous partirons d'un certain nombre de définitions telles qu'elles nous sont proposées par différents chercheurs :

« Une théorie de l'argumentation a pour objet l'étude des techniques discursives visant à provoquer ou à accroître l'adhésion des esprits aux thèses qu'on présente à leur assentiment » (Perelman, 1968) ;

(1) Entre autres au Centre International de Linguistique Appliquée (C.I.L.A.) de Neufchâtel Publication : *Cahiers du C.I.L.A.*

« L'argumentation relève bien du logique, par sa fonction probatoire et justi-ficatoire, mais d'un logique qui n'est pas normé de l'extérieur par des constantes universelles de type épistémologiques ; où cette fonction ne s'effectue que si elle est personnalisée à travers la production d'un univers de discours qui n'est pas une copie du « monde réel », mais la représentation d'une prise de position où à ce qui est dit appartiennent aussi bien des déterminations d'objets, d'événe-ments ou d'actions, que des images de locuteurs et d'orateurs doués d'affects, d'attitudes, agissant en fonction de valorisations, d'intentions, de finalités (donc doués de propriétés psychologiques) » (M.J. Borel, 1974) ;

ou encore :

« L'argumentation, c'est cette action sur autrui qui emprunte nécessairement le discours aux fins d'y stabiliser des propositions jusque-là particulières en leur donnant statut d'évidences, de généralités, partant de contraintes logiques pour le jugement collectif » (Vignaux, 1978).

Il semble bien qu'il existe dans tout discours argumenté une composante logique qui joue un rôle essentiel. Mais elle sera intégrée dans une démarche de raisonnement qui sera elle-même subordonnée à la personne des locuteurs. Le raisonnement s'intégrera dans un rapport d'interlocution nettement spécifié, l'argumentation, dans son fonctionnement, dépendant de l'attitude, de la posi-tion des personnes auxquelles elle s'adresse. A cette composante logique, il faudra donc ajouter une composante psychologique et une composante sociale éventuellement. Cette dimension du discours argumenté n'avait pas échappé aux rhétoriciens d'autrefois. L'abbé de Bretteville écrivait déjà *(L'éloquence de la chaire et du barreau,* Paris, 1689) : « L'éloquence ne s'accommoderait pas de cette manière dure et sèche dont les logiciens proposent leurs syllogismes ; elle prend chaque proposition en particulier, qu'elle étend, qu'elle tourne, qu'elle amplifie, avant que de venir à la conclusion. » Ce que précisait d'une autre manière Jouvency dans *De la manière d'apprendre et d'enseigner :* « L'on persuade moins en éclairant les esprits qu'en touchant les cœurs et en dirigeant les volontés. C'est en cela que la rhétorique diffère des autres sciences qui ont pour but de prouver et de montrer la vérité. Ces sciences n'ont en vue que la vérité et elles s'inquiètent peu des qualités ou des dispositions des personnes à qui elles démontrent ; tandis que la rhétorique se préoccupe de celui à qui elle expose la vérité, ou qui en a l'apparence. » (1)

S'il ne saurait donc exister de discours argumenté sans appui logique, inverse-ment on ne saurait réduire l'argumentation à ce seul aspect. Passer de la démons-tration à l'argumentation, ce sera passer d'un discours où ont été neutralisés les acteurs de l'énonciation, où le déroulement des opérations obéit à des contrain-tes imposées par la syntaxe de la logique et du système démonstratif, à un dis-cours où le cadre et les conditions de l'énonciation vont jouer un rôle détermi-nant dans le choix et la disposition des matériaux utilisés - types d'arguments,

1) Ces deux citations sont rapportées par A. KIBEDI-VARGA in *Rhétorique et littérature* Paris, Didier, 1970.

schémas de raisonnement ... - discours infiniment plus aléatoire, plus libre dans son déroulement, discours plus incertain aussi dans la mesure où le scripteur (ou l'orateur) ne pourra jamais être totalement assuré d'avoir persuadé son interlocuteur, d'où des procédures de renforcement, un aspect souvent fortement redondant du discours argumenté, caractéristiques qui sont totalement absentes de la démonstration, où le simple fait d'adhérer aux propositions de départ implique une adhésion aux conclusions, au terme des opérations de raisonnement.

A la différence du discours scientifique, le discours argumenté sera divers dans ses réalisations, imprévisible, du moins relativement, dans ses démarches et ses agencements ; plus difficile à lire donc. Pour un étranger à la langue française, la difficulté sera double. S'il existe un universel des opérations logiques, le choix des stratégies, le mode d'agencement des arguments par contre varient selon les cultures. Il serait certainement très intéressant et très utile, pédagogiquement, de pouvoir comparer d'un groupe culturel à un autre les types de « configurations logiques » (Courtillon, 1973) utilisées, ce qui, dans une pédagogie de Niveau 2 et au-delà éviterait ces phénomènes d'interférence qui se manifestent non plus au niveau phonétique ou syntaxique, mais à celui du discours dans son entier. Un lecteur étranger, en présence d'un texte argumenté français, sera tenté, pour le lire, d'y projeter les catégories du discours argumenté telles qu'elles fonctionnent dans sa propre langue, ses propres configurations logiques, ce qui constituera une entrave majeure à la compréhension, d'une portée infiniment plus grave que celle due par exemple à la méconnaissance de certains termes de lexique, ou de certaines règles de construction grammaticale.

2. LE FONCTIONNEMENT DE L'ARGUMENTATION

Considérons les deux textes suivants :

1. — Pourtant, le dernier scrutin pourrait indiquer que, sans en accepter l'étiquette, les Français ont un penchant pour le contenu de la social-démocratie.

— *Michel Rocard* : C'est relativement vrai ; les Français savent que le degré d'injustice sociale est bien moindre dans les pays qui se réclament de ce système, qu'il s'agisse des pays scandinaves, de l'Allemagne ou même de la Grande-Bretagne. Mais il y a, dans cette démarche, un archaïsme dramatique. En effet, le projet social-démocrate a comme base implicite le bon fonctionnement du capitalisme. Or ce n'est plus le cas. L'opinion française doit donc comprendre qu'un autre mode d'organisation sociale est nécessaire.

extrait d'une interview parue dans
L'Expansion n° 117, Avril 1978

2. La mort des dinosaures

Prenons l'hypothèse du glissement des disques vertébraux chez les animaux de grande taille : les caractéristiques imputées existaient dès le Trias, chez les Mélanorosauridés, quadrupèdes lourds atteignant déjà 15 mètres de long. Le groupe se prolonge avec les vrais Sauropodes du Jurassique et du Crétacé, sans changements notables dans la structure de la colonne vertébrale. Voici donc des animaux « mal bâtis », en danger de mort permanent par affaissement des vertèbres, qui ont vécu et se sont magnifiquement développés et épanouis pendant plus de 120 millions d'années, montrant une aptitude manifeste à la vie. L'auteur d'une telle théorie ignorait manifestement l'histoire des Dinosaures.

extrait de Léonard Ginsburg
Comment tuer les dinosaures in *Sciences et Avenir*
n° 340, Juin 1975

Il s'agit dans les deux cas de réfuter la proposition avancée par un adversaire ; dans un cas il s'agit d'un problème d'ordre politique, dans le second d'un problème paléontologique. Essayons d'analyser logiquement les deux textes :

Texte 1 :

— Il y a relation d'équivalence entre *bon fonctionnement du capitalisme* et *social-démocratie*, ce qui pourra se traduire par $C \Longleftrightarrow P$

— d'autre part, la *social-démocratie* implique une *plus grande justice sociale*, ce qui se traduira par : $P \Longrightarrow Q$

— or la proposition C est fausse, donc l'implication $P \Longrightarrow Q$ est fausse

— si donc on veut que Q reste vrai (justice sociale), il faut autre chose que P.

De façon plus économique, cela peut s'exprimer :

① ② ③ ④ ⑤ ⑥

$C \Longleftrightarrow P \Longrightarrow Q$ or C faux, donc $P \Longrightarrow Q$ faux, d'où pour Q vrai, il

⑦

faut non - P (autre chose que le projet social-démocrate)

Les chiffres placés au-dessus des éléments de chaque proposition indiquant l'ordre chronologique des opérations de démonstration. Examinons dans le texte l'ordre d'apparition des différents éléments de la démonstration. On constate qu'il passe :

de : 1 + 2 + 3 + 4 + 5 + 6 + 7   ordre chrono-logique du raisonnement

à : 3 + 2 + 5 + 2 + 1 + 4 + 6 + 7   ordre chrono-logique du discours

Texte 2 :

– *le glissement des disques vertébraux* implique *une grande fragilité de l'animal,* ce qui peut se traduire en : $P \implies Q_1$

– *une grande fragilité de l'animal* implique *une mort immédiate,* ce qui se traduira en

$$Q_1 \implies Q_2$$

– *or ces animaux ont vécu très longtemps,* ce qui se traduit en Q_2 faux

– *donc l'hypothèse initiale est fausse,* donc P faux

soit dans une représentation continue :

$P \implies Q_1 \implies Q_2$, Q_2 faux, P faux

qui représente le chrono-logique du raisonnement. Si l'on examine maintenant le chrono-logique du discours, on constate que l'ordre est :

$1 + 3 + 4 + 5$

Tout ceci nous montre quoi ?

. Tout d'abord qu'il faut distinguer dans le discours argumenté deux niveaux :

– le niveau du raisonnement, celui où s'organisent les opérations logiques, celui où se situent *les contenus sémantiques,* qui n'ont pas ici de statut linguistique à proprement parler.

– le niveau de réalisation linguistique de surface, celui de la *logique discursive,* de la *logique argumentative.*

. Que la différence entre le chrono-logique du raisonnement et le chrono-logique du discours peut être marquée (texte de Rocard) ou peu marquée (texte de Ginsburg).

. Que la différence entre ces deux niveaux constitue *l'espace discursif du discours argumenté* qui peut être plus ou moins important, selon une échelle ascendante de retraitement des données du logique, depuis le discours scientifique où il y aura isochronie entre les deux niveaux, à quelques détails près, et le discours polémique, qui présentera la différenciation la plus forte.

. Qu'en discours argumenté, il y a possibilité d'établir un lien apparemment logique entre des propositions ou des éléments qui n'en ont pas réellement, et qu'il faudra donc distinguer, dans le discours argumenté, d'une part *le logique profond* du discours, du *rhétorique logique* (1), qui se manifeste en surface du discours pour donner cohérence et continuité à ce qui n'en a peut-être pas en profondeur. Le rhétorique logique pourra se manifester par des expressions telles que : « car, en effet, puisque, comme, donc, etc. » certaines d'entre elles

(1) Expression qui nous a été proposée par Janine Courtillon.

pouvant fonctionner aux deux niveaux, ce qui d'ailleurs accroît les risques de confusion.

Nous pouvons représenter, dans le schéma suivant, cet aspect du discours argumenté :

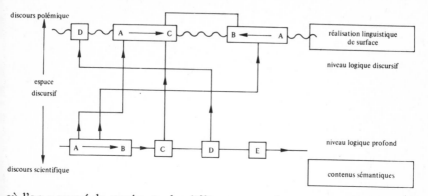

où l'on a essayé de représenter les différents types de retraitement discursif des données du logique :

— la relation A → B peut devenir B ← A dans le discours ;

— la relation A → B, en tête du raisonnement, peut se retrouver en fin de discours ;

— les éléments A et C, sans lien logique véritable, peuvent s'en voir attribuer un en surface ;

— l'élément E n'est pas pris en compte dans l'argumentation ;

— l'élément D se voit attribuer la première place dans le discours, alors qu'il n'intervient qu'en quatrième position dans le chrono-logique du raisonnement.

ex. : *Texte de M. Rocard*

— capitalisme

— social-démocratie

— situation actuelle

Le discours argumenté sera donc constitué :

1 - au niveau le plus profond, par des données qui constituent la base de référence du discours. Elles seront exprimées par un nombre limité de termes tels que...

2 - par une mise en relation de ces données en propositions logiques élémentaires qui constituent les prémisses du discours ;

145

- la social-démocratie implique le bon fonctionnement du capitalisme.

- il est vrai que le capitalisme fonctionne mal.

- puisque la social-démocratie implique un bon... et qu'il est vrai que..., alors il faut trouver autre chose que la social-démocratie.

- par exemple le texte de Rocard de la p. 142.

3 - par l'élaboration d'une démarche de raisonnement qui permettra de tirer logiquement les conséquences de ces prémisses, tout ce qui en résulte nécessairement ;

4 - par l'intégration de cette démarche de raisonnement dans une stratégie globale d'argumentation ;

5 - sur la présence possible de marques de l'attitude du locuteur, d'élément d'expressivité manifestant le degré plus ou moins grand d'implication du locuteur dans son propos.

La part respective de ces différentes composantes ainsi que leur mode combinatoire seront fonction de la situation de communication, de la nature des rapports liant les deux interlocuteurs, de leur image réciproque, ce qui pourrait se représenter ainsi :

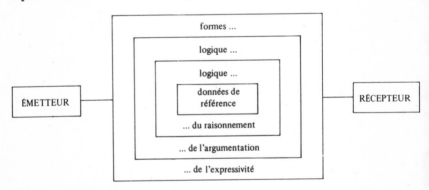

Lire l'argumentation consistera donc d'une part :

— à identifier les contenus logico-sémantiques du discours ;

— à évaluer l'importance de leur traitement, c'est-à-dire la mesure de l'espace discursif ainsi constitué ;

et par ailleurs :

— à interpréter la nature et l'ampleur de ce traitement.

Notons à ce propos l'importance qu'ont les prémisses dans l'argumentation, ~~us~~ le reverrons d'ailleurs un peu plus loin. Toute argumentation se fonde au ~~part~~ sur des propositions, explicitement formulées ou non, tout dépend des ~~s~~, que l'on doit admettre pour vraies, sous peine de ne pouvoir « entrer » dans ~~débat. L'argumentation de Michel Rocard, pour reprendre cet exemple, est ~~ndée~~ sur la proposition :

. il est vrai que le capitalisme fonctionne mal , énoncé qui a la forme d'une ~~gle~~ générale et que Michel Rocard ne se donne nullement la peine de démontrer. ~~s'agit~~ là d'un axiome, d'une vérité d'évidence, qui ne saurait être un seul ins- ~~nt~~ remise en question. Or, dans un domaine pareil, celui des sciences humaines, ~~qu'on~~ appelle axiome ou loi n'est jamais qu'une vérité statistique, qu'une règle ~~nérale~~, qui peut à tout moment être remise en question. Tout le problème de ~~irgumentation~~ consiste à pouvoir passer d'un énoncé du type :

. dans certains pays, à certaines époques, le capitalisme fonctionne mal ;

à :

. le capitalisme (sous-entendu : à toutes les époques, en tous lieux) fonctionne ~~al.~~

L'énoncé empirique se voit ainsi promu au rang d'énoncé scientifique, et toute démarche de l'argumentation consiste :

1 - à faire en sorte que les prémisses manifestent un caractère d'évidence ou d'autorité tel que le lecteur sera conduit à les admettre sans discuter ;

2 - par une série de leurres, de distracteurs, à tromper l'attention du lecteur et l'amener à se concentrer sur le raisonnement - construction logique, ad- ministration de preuves -, l'acceptation des prémisses conduisant automatique- ment au partage de conclusions.

Argumenter, c'est faire en sorte qu'un point de vue prenne forme de vérité soit pris pour vérité.

Il y aura donc deux lectures de l'argumentation, une lecture passive, ce qu'on ~~ourrait~~ appeler une lecture manipulée, où le lecteur se préoccupe seulement de ~~qui est~~ dit, où il devient l'objet sur lequel porte l'activité du texte, et une lec- ~~re~~ active, qui ne se contente pas de subir les effets du texte, mais qui cherche ~~en~~ repérer les sources, à en apprécier les effets, une lecture responsable. C'est ~~type~~ de conduite qui devra être privilégié dans un programme d'apprentissage, ~~t-il~~ besoin de le préciser.

~~'~~argumentation scientifique

Il peut sembler paradoxal, en première analyse, de parler d'argumentation ~~ientifique~~ dans la mesure où la connaissance scientifique exclut, par essence, ~~notion même~~ d'argumentation.

On ne peut toutefois nier qu'il existe en science de très nombreux débats, ~~ouvent~~ violents, et qui ne sauraient relever de la pure démonstration. Quel sera

147

le statut de l'argumentation scientifique ?

Partons du texte suivant relatif au problème du recul des falaises tel qu'il e traité en géologie (Pierre Bellair, Charles Pomerol, *Eléments de géologie,* o cit.)

GÉODYNAMIQUE EXTERNE

4) Falaises

Le type morphologique « falaise » ou « cuesta » n'est pas exclusivement u forme d'érosion marine. On peut même affirmer que l'extension des falaises e plus importante à l'intérieur des continents qu'au bord de la mer : ce sont notar ment les falaises de gorges fluviatiles (Tarn, Verdon, Dordogne), celles qui mitent des cirques glaciaires (Gavarnie, Fer à Cheval), d'importants relie (Chartreuse, Vercors, Tassilis sahariens), ou des plates-formes structural (falaise tertiaire de l'Ile-de-France).

Il ne faut donc pas perdre de vue que les *falaises appartiennent avant tout une morphologie continentale.* Comme le montrent les falaises du Pays de Ca et celles des Vaches Noires, le rôle de la mer est, le plus souvent, de rafraîchir pied de la falaise, favorisant un recul ultérieur.

Falaises du Pays de Caux (voir planche, p. 321).

La craie des falaises d'Étretat est minée par des fissures et des cavités empli d'argile à silex. Ces fissures s'élargissent sans cesse, ce qui diminue beaucoup solidité de la falaise au-dessus des surplombs. Les éboulements, alors ne sont p rares : ils peuvent résulter de la violence d'une tempête qui sape la base instab de la falaise, mais se produisent le plus souvent après de fortes pluies ou au m ment du dégel. La mer déblaie ensuite les matériaux effondrés. Elle délaye dissout le calcaire, tandis que les morceaux de silex en frottant les uns contre l autres deviennent des galets arrondis, si fréquents sur les plages du Pays de Cau Roulés constamment et projetés sur le mur des falaises lors des tempêtes, ils fa litent le travail de sape que la mer reprend après l'évacuation des roches éboulée

D'ailleurs, l'encoche elle-même n'est pas due nécessairement à l'action d vagues ; elle existe au pied de falaises continentales : ce sont les fameux « abr sous roche ». Le gel suivi du dégel entre pour une grande part dans sa genès même au bord de la mer, s'il y a des infiltrations d'eau douce à l'intérieur de falaise comme c'est le cas à Étretat.

De toute façon, le creusement d'une encoche serait insuffisant pour fai ébouler la falaise, si, au préalable, elle n'avait été minée intérieurement (fig. 142 Lorsque la mer n'a plus la force d'évacuer les déblais, la falaise ne recule presq plus. C'est une falaise morte.

Le recul des falaises vives du Pays de Caux s'effectue donc en trois temps :

— *désagrégation par les eaux souterraines* le long des cavités et des fissures ;

— *éboulement de la falaise,* facilité par le sapement de la base et provoqu par les pluies et les tempêtes ,

— *déblaiement des matériaux éboulés,* permettant un mouvement de recu

148

La persistance de l'aiguille d'Étretat, apparemment plus vulnérable que la falaise elle-même, et pourtant demeurée intangible depuis plus d'un millénaire (ses premières figurations datent du Ve siècle), montre à l'évidence que la mer agissant seule n'a qu'une action destructive négligeable (fig. 142) (1).

Falaises des Vaches Noires du Calvados

L'attaque des falaises du Calvados, plus tendres puisque argileuses, est souvent citée comme exemple d'érosion marine. Mais là encore il n'en est rien (fig. 143). Il existe, sous la craie cénomanienne, une nappe perchée dans les sables glauconieux. Celle-ci en s'écoulant sur les argiles callovo-oxfordiennes

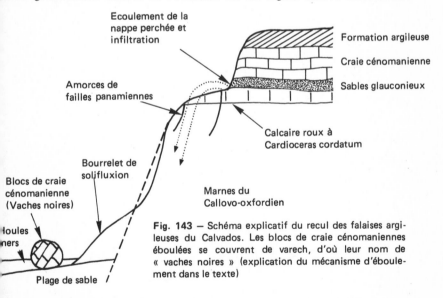

Fig. 143 — Schéma explicatif du recul des falaises argileuses du Calvados. Les blocs de craie cénomaniennes éboulées se couvrent de varech, d'où leur nom de « vaches noires » (explication du mécanisme d'éboulement dans le texte)

(1) En 1967, l'aiguille a perdu l'extrémité de sa pointe, mais c'est sous l'action des intempéries.

149

amène la formation de coulées boueuses qui recouvrent la plage de bourrelet convexes que la mer déblaie ultérieurement.

De temps en temps, des blocs de craie cénomanienne dévalent la falaise. Il ne tardent pas à être recouverts d'algues brunes, simulant de loin un troupeau de « Vaches Noires ».

Somme toute, le recul des falaises s'effectue en deux temps :

— *éboulement de la paroi due à des actions continentales :* dissolution altérations, infiltrations, gel et bien entendu gravité ;

— *déblaiement du matériel éboulé ou soliflué par la mer.*

Le premier phénomène est brusque : préparé depuis longtemps par l'érosion continentale, il est généralement déclenché par une action météorique ou marine brutale : forte pluie, brusque dégel, violente tempête.

Le second est de plus en plus lent au fur et à mesure que la falaise recule si aucune variation du niveau marin n'intervient. Il se forme alors, dans la zone de déblaiement, *une plate-forme d'abrasion,* de quelques dizaines ou centaine de mètres, qu'il ne faut pas confondre avec le plateau continental.

La plate-forme est souvent encombrée de blocs ou de galets creusés de *marmites,* sillonnée de *chenaux,* parfois de rainures de type lapiez, généralemen *conforme au réseau de diaclases* de la roche en place.

Le recul des falaises est fonction de la *nature des roches,* de leur *pendage* (fig. 144), des *possibilités de déblaiement,* et des *mouvements de transgression*

Les falaises de craie du littoral de la Manche ont elles-même une *vitesse de recul* variable suivant les points. On cite souvent la disparition de la localité de Saint-Denis-Chef-de-Caux, remplacée aujourd'hui par le Banc de l'Eclat, au larg du cap de la Hève. En 1896, à Dieppe, une tempête détacha 20 000 m² de crai qui entraînèrent dans leur chute une maison à 60 m du bord.

Par contre, les deux caps qui limitent le Pas-de-Calais, North Foreland e Blanc-Nez n'ont reculé que de 9 à 15 m depuis l'époque romaine. L'Aiguille d'Étretat, pointue et non fissurée, offre peu de prise aux eaux de pluie et d'infiltration ; sa base, baignée par la mer à marée haute, n'est pas gélive et n

Fig. 144 — Quelques aspects de l'érosion de falaises calcaires ou marno-calcaires en fonction du pendage.

possède pas d'encoches ; sa forme pyramidale offre une grande résistance à l'ébranlement par les tempêtes, comme les clochers au souffle des bombes.

Ces formes si pittoresques, *aiguilles, arches* ou « portes », grottes, résultent plus probablement du déblaiement par la mer de remplissages karstiques que d'une action mécanique directe des vagues et des tempêtes. Il n'est pas non plus démontré que les *valleuses* elles-mêmes vallées sèches terminées en à-pic au bord de la falaise, argument essentiel à l'appui du « recul », soient bien dues à cette cause. Ce peut être, tout aussi bien, soit des vallées creusées en climat périglaciaire et qui ont avorté avant d'avoir atteint leur « profil d'équilibre », soit des vallées correspondant à un niveau marin plus élevé que l'actuel, tyrrhénien par exemple, comme l'a suggéré A. GUILCHER pour des ruisseaux actuellement suspendus et se terminant par une cascade, en Bretagne et au Portugal.

Le recul des falaises de roches magmatiques ou métamorphiques des Maures et du Massif Armoricain est à peu près nul depuis 2 000 ans. Les formes si tourmentées de ces falaises, les écueils et les îlots qui les bordent sont dus au lessivage par la mer du manteau d'arène ou de limon qui les empâtait.

Il s'agit donc d'une *morphologie subaérienne* exhumée par la mer qui s'est contentée de déblayer les matériaux meublés qui l'empâtait (J. BOURCART). Sur les côtes rocheuses de la Méditerranée, l'absence d'une plate-forme d'abrasion et l'existence d'un « trottoir » d'algues encroûtantes associé à toute une faunule au voisinage du niveau de la mer démontrent que la falaise ne recule pas.

Par contre, le recul des falaises de roches tendres peut être impressionnant : Umbgrove estime à 1 500 m le recul des falaises de cendres volcaniques du Krakatoa en 45 ans de 1883 à 1928.

Notons enfin que la forme des falaises de roches dures est étroitement liée au pendage ou au réseau de diaclases comme le montre la fig. 144. »

Nous sommes ici en présence d'un discours où les auteurs vont s'efforcer de réfuter la thèse classique selon laquelle le recul des falaises s'expliquerait par l'action de la mer. Dix arguments, pour s'en tenir à l'essentiel, sont rapportés :

. 1 - il y a des falaises au bord de la mer ;

. 2 - il y a des falaises à l'intérieur des continents ;

. 3 - travail de sape de la mer, action de déblaiement ;

. 4 - action de la pluie, du gel ;

. 5 - persistance de l'aiguille d'Etretat ;

. 6 - remplissages karstiques déblayés par la mer ;

. 7 - action mécanique directe des vagues et des tempêtes ;

. 8 - valleuses = vallées avortées avant d'avoir atteint leur profil d'équilibre ;

. 9 - le recul des falaises des Maures est nul depuis 2 000 ans ;

. 10 - absence de plate-forme d'abrasion sur certaines côtes rocheuse de Méd.

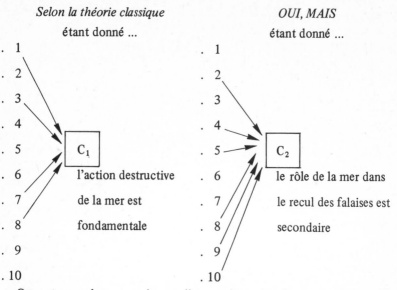

Selon la théorie classique
étant donné ...

. 1
. 2
. 3
. 4
. 5   C₁
. 6   l'action destructive
. 7   de la mer est
. 8   fondamentale
. 9
. 10

OUI, MAIS
étant donné ...

. 1
. 2
. 3
. 4
. 5   C₂
. 6   le rôle de la mer dans
. 7   le recul des falaises est
. 8   secondaire
. 9
. 10

On se trouve donc en présence d'un système pluri-factoriel et, selon que l'on privilégie certains facteurs au détriment d'autres, selon la manière de les regrouper, on aboutira à des conclusions très différentes. Argumenter consistera ainsi à sélectionner différemment les facteurs et les indices, l'argumentation la plus forte étant celle qui disposera du pouvoir explicatif le plus étendu.

3. LES CATÉGORIES DU DISCOURS ARGUMENTÉ

Si l'argumentation constitue apparemment un discours homogène, il convient, en fait, de distinguer plusieurs types de discours argumenté. Un des premier objectifs de la lecture de l'argumentation sera tout d'abord d'identifier le type d'argumentation auquel on a affaire, cette détermination permettant au lecteur d'accroître notablement ses capacités de prédiction.

On distinguera, en gros, quatre grands types de discours, en s'appuyant sur les classements proposés par la rhétorique antique, tels que les reprend Roland Barthes (1970) :

DÉLIBÉRATIF	conseiller / déconseiller	utile / nuisible	avenir
JUDICIAIRE	accuser / défendre	juste / injuste	passé
ÉPIDICTIQUE	louer / blâmer	beau laid	présent
CRITIQUE	accord / désaccord	vrai / faux	passé

152

en notant qu'il est possible de voir mêlées ces différentes catégories dans une même argumentation, l'argumentation moderne n'étant pas aussi stricte dans la séparation des genres que la rhétorique antique et classique.

Les problèmes de repérage de type de discours liés à la reconnaissance d'aspects formels sont difficiles à résoudre, dans la mesure où il n'y a pas de correspondance univoque entre un type de discours argumenté, et des réalisations linguistiques et discursives données. Prenons un cas limite, une expression telle que : « X entraîne une diminution de ... » peut introduire aussi bien une séquence critique que laudative, tout dépendra du point de vue initial de la personne qui parle, et de l'analyse qu'elle fait de la situation. Le phénomène de reconnaissance s'opérera plus en termes d'analyse sémantique que d'analyse formelle. En argumentation plus que dans tout autre type de discours, sera mise en œuvre une lecture déductive, le sens du texte étant déduit de la somme des renseignements dont je dispose sur le lieu d'apparition du texte, son auteur, le moment de la publication, le thème, etc. Si par exemple, je lis tel article relatif à l'énergie nucléaire, paru dans *Le Nouvel Observateur,* et signé Michel Bosquet, je peux prédire, sans grand risque, qu'il s'agira d'un discours de type délibératif centré sur le déconseiller, les manifestations de surface du discours seront donc, selon mon hypothèse initiale, interprétées à partir de ces indicateurs. Ne parlons même pas du discours politique, qui est un des plus prévisibles qui soit, la nouveauté venant non point de la découverte d'une position nouvelle, déjà connue dans la plupart des cas, mais du chemin parcouru pour parvenir à un objectif que l'on connaît par avance.

D'un point de vue pédagogique, deux démarches sont susceptibles d'être envisagées :

— proposer à l'élève la lecture de micro-textes (textes très courts, un ou deux paragraphes, pris dans des articles de presse par exemple), regroupés par types de discours - par exemple différentes manières d'exprimer le *blâmer,* le *déconseiller* etc. - pour que l'élève puisse progressivement identifier, sous des réalisations discursives différentes, une démarche argumentative commune, l'habituer ainsi à procéder à des analyses sémantiques, tout en l'aidant à se constituer un répertoire qui l'aidera plus tard à reconnaître les textes en situation de lecture non-scolaire ;

— s'appuyer sur une pratique préalable du discours argumenté (1), qui permettra à l'élève de se constituer un système du discours argumenté, d'en apprécier la fonctionnalité, et de le réinvestir dans un travail de lecture.

4. ARGUMENTATION ET OBJECTION

Il y a très souvent, dans la démonstration, un caractère inaugural, exploratoire, qui, au moyen d'un ensemble d'outils heuristiques, permet d'aller du

(1) Cf. par exemple notre ouvrage *Ecrire et convaincre,* Paris, Hachette, 1975.

connu vers l'inconnu, sur des pistes encore jamais parcourues. L'argumentation au contraire est toujours seconde. A quelques rares exceptions près, une argumentation se construit toujours par rapport à un déjà-dit, par rapport à un point de vue déjà formulé. Elle est discours sur un discours, d'où la complexité de son fonctionnement et de son déchiffrement, puisqu'il y a imbrication du logique de l'argumentation réfutée, avec le logique de l'argumentation qui réfute. A la limite, on peut avancer que le discours argumenté est le discours de la réfutation. Convaincre, c'est vaincre, c'est donc s'attaquer à une position déjà définie, et lire l'argumentation reviendra le plus souvent à discerner, à identifier une démarche de réfutation.

Faute de disposer d'études exhaustives sur ce point, nous définirons un certain nombre de démarches, celles auxquelles il est fait le plus fréquemment appel :

. la négation pure et simple, celle qui consiste à nier purement et simplement l'avis de l'adversaire : c'est faux parce que ... ;

. le raisonnement a fortiori, dans le texte suivant par exemple :
« Il ne s'agit pas de minimiser les dangers de la pollution. On doit être reconnaissant aux écologistes américains qui, depuis vingt ans, ont insisté sur ses conséquences pour les rivières, les lacs et l'atmosphère, mais il faut replacer ceci dans une perspective générale. Si la pollution a été responsable dans le monde de quelques milliers de morts à Minimata au Japon, en France, l'alcool, à lui seul tue, chaque année entre 50 000 et 100 000 personnes, le tabac entre 30 000 et 60 000.

Maurice TUBIANA - *Le Refus du réel* - Ed. Robert Laffont

qui peut se représenter ainsi :

. on proteste quand X entraîne Y ;
. a fortiori, il faudrait protester quand X' entraîne Y' ;
. la distinction :

X est vrai sous condition A ;
mais X est faux sous condition B (1) ;
par exemple :
« Nous rejetons bien trois cents tonnes de sulfate de chaux dans le Rhône, mais nous avons un programme de réduction des rejets. Il est faux enfin de dire que nous lâchons de l'acide acrylique dans le Rhône, il s'agit en fait d'acrylate, qui n'est pas un acide, et notre rejet n'est qu'une goutte d'eau ».

interview d'un dirigeant de P.U.K. *Le Point*

ou bien :

« Mais pourquoi ne pas demander cette énergie, dont la société industrielle refuse de se passer, à de nouvelles sources ? Encore une fois, sur le papier, les

(1) Voir à ce sujet François CHENIQUE - *Eléments de logique classique*, t. 2, *L'art de raisonner*, Paris, Dunod, 1975.

écologistes ont raison. L'énergie solaire n'a que des avantages. Elle est vraiment gratuite, elle est réellement inépuisable. Et il n'y a pas de raisons non plus pour que la science, qui a maîtrisé la radioactivité, ne parvienne pas à domestiquer les rayons du soleil. Seulement, il aurait fallu y penser plus tôt. La découverte de la radioactivité par Becquerel remonte à 1896. La première pile atomique purement expérimentale a été mise en service par Fermi à Chicago en 1942, quarante-six ans plus tard. Et vingt bonnes années se sont écoulées encore avant qu'apparaissent les premières centrales de dimension industrielle. »

Gérard BONNOT - Le Nouvel Observateur du 25-3-78

procédé très fréquemment employé qui consistera à concéder une partie de l'analyse à l'adversaire pour mieux nier l'autre. Ces deux textes montrent bien là encore la diversité des réalisations ;

. la cause niée

on dit que X entraîne Y ;
or je constate Y sans X ;
ou bien je constate X et non Y ;
donc X est sans rapport avec Y (1) ;

par exemple :

« La thèse traditionnelle qui voyait dans l'expansion commerciale des XVIème et XVIIème siècles une cause importante de la révolution industrielle en Angleterre ne résiste pas à un examen objectif recherchant des preuves autres que celles qui déduisent de la succession de deux phénomènes exceptionnels la preuve d'un lien de causalité. L'expansion commerciale n'a certainement pas été une cause suffisante, car alors la Hollande, pour ne parler que de ce pays, aurait dû précéder l'Angleterre. Elle n'a probablement pas été une cause nécessaire, car alors la liste des pays européens qui se sont industrialisés aurait dû être plus limitée. »

Paul BAIROCH - Annales, Mars-Avril 1973.

D'un point de vue pédagogique, on pourra procéder comme nous l'avons déjà indiqué :

— proposer la lecture de textes courts, analogues à ceux qui viennent d'être présentés, le thème étant cependant choisi en fonction des centres d'intérêt essentiels des élèves, pour apprendre à repérer et identifier les procédures logiques utilisées, en s'appuyant sur les articulations logiques, les articulateurs rhétoriques, mais aussi sur le lexique, qui peut fort bien inclure une relation logique ;

— s'appuyer sur une pratique de l'écrit.

---

(1) Lire Oswald DUCROT, La notion de cause in La preuve et le dire, Tours, Mame, 1973.

On pourrait étudier bien entendu d'autres aspects du discours argumenté et aller plus avant dans l'investigation de détail (1), ce qu'il importe, en définitive, c'est de retenir un principe d'approche des textes, une démarche pédagogique où la lecture de textes argumentés complexes et longs serait préparée, comme nous l'avons suggéré, par des *gammes de lecture* convenablement programmées.

Une lecture exhaustive d'un texte argumenté devrait permettre de répondre aux questions suivantes :

— le texte porte sur :
  - . des objets physiques ;
  - . des événements ;
  - . des attitudes ;
  - . des comportements ;
  - . des opinions ;

— la référence à l'objet du discours est :
  - . dominante / seconde ;
  - . explicite / implicite ;

— la position de l'auteur par rapport à l'objet du discours est :
  - . favorable (+ , —) ;
  - . neutre ;
  - . défavorable (+ , —) ;

— la distance de l'auteur à l'objet de son discours est :
  - . nulle (très impliqué) ;
  - . moyenne (peu impliqué) ;
  - . importante (peu ou pas impliqué) ;

— la position de l'auteur est significative :
  - . d'une attitude individuelle ;
  - . d'un groupe social ;
  - . d'une communauté culturelle / nationale ;

— l'aptitude de l'auteur vis-à-vis de ses lecteurs est :
  - . bienveillante ;
  - . neutre ;
  - . agressive ;

— la position respective auteur / lecteur :
  - . supériorité ;
  - . égalité ;
  - . infériorité ;

(1) Lire notamment l'article de Claude BREMOND, *Le rôle d'influenceur, Communications* n° 16 ; sur l'argumentation dans le discours de presse voir aussi Pierre LASCOUMES, Ghislaine MOREAU-CAPDEVIELLE, Georges VIGNAUX, *Il y a parmi nous des monstres, Communications* n° 28, 1978.

- l'objectif du discours est de :
  - . renforcer une adhésion ;
  - . modifier l'attitude du lecteur ;
- le mode de persuasion adopté :
  - . convaincre par la cohérence logique du raisonnement ;
  - . emporter l'adhésion par la force de la conviction ;
- modèle de référence :
  - . rhétorique fortement articulé ;
  - . démarche originale ;
- les arguments :
  - . sont tous pris en compte ;
  - . sont, pour certains, omis ;
- les discours dans l'ensemble paraît :
  - . efficace ;
  - . peu efficace.

A la complexité de cette grille, on pourra en définitive préférer le schéma proposé par H.D. Lasswell, dès les années trente, schéma élaboré en vue d'analyser le contenu des discours politiques. On pourra affirmer avoir compris le texte si on est capable de répondre aux six questions suivantes :

- qui écrit ?
- à qui ?
- au sujet de quoi ?
- dans quelle intention ?
- comment ?
- avec quelle efficacité ?

Nul ne pourra nier la complexité des conduites de lecture qu'exige l'argumentation. Là encore, il ne faudra pas se laisser prendre au leurre des manifestations linguistiques du texte. En argumentation plus qu'ailleurs, les mots ne sont qu'apparences verbales destinées à donner cohésion à ce qui n'est souvent qu'arbitrairement rassemblé, à rétablir les déséquilibres, à masquer les absences.

Lecture attentive, lecture créatrice, qui exigera de son lecteur qu'à tout moment il reformule le discours qui lui est proposé, pour en évaluer la solidité, la validité.

LA LECTURE LITTÉRAIRE DES TEXTES

Définir, comme nous l'avons fait jusqu'à présent, le texte écrit comme un instrument de communication, doit nous conduire à nous demander si une telle définition peut s'appliquer de la même manière aux textes littéraires, qui ont toujours bénéficié d'un statut particulier, du moins jusqu'à maintenant.

Parler de littérature en termes de communication peut sembler incongru, tant reste encore vive l'image de l'auteur écrivant sous le coup d'une inspiration fulgurante, et par-là même insoucieux de la façon dont son texte pourra être reçu, si tant est qu'il le soit un jour. A ce cliché d'origine romantique, la critique moderne, sans vraiment le vouloir, a apporté sa caution. Lorsque Roland Barthes écrivait en 1964 : « Pour l'écrivain, écrire est un verbe intransitif. » *(Essais Critiques),* lorsque les théoriciens du Nouveau Roman proclamaient par la bouche de Jean Ricardou : « Ecrire pour les écrivains est non telle volonté de communiquer une information préalable, mais ce projet d'explorer le langage entendu comme espace particulier. » *(Que peut la littérature ?),* on déniait à la littérature toute fonction communicative. Certes, il s'agissait, à ce moment-là, de s'opposer aux conceptions traditionnelles qui voyaient, avant tout, dans le texte littéraire le message humaniste, cette somme de lieux communs sur l'homme indéfiniment répétée, et non le travail d'une écriture ; mais à la théorie classique « l'auteur s'exprime », on se contentait de substituer une autre théorie : « le texte s'écrit ». Dans la triade auteur - texte - lecteur, ce dernier faisait toujours l'objet du même dédain.

Sans dénier l'intérêt qu'a pu présenter et que présente encore une vision immanente de l'œuvre, il semble cependant qu'une approche fonctionnelle du texte littéraire, c'est-à-dire une étude des rapports qu'il peut établir avec son lecteur, peut aussi s'avérer utile et révéler des aspects parfois inexpliqués, d'un phénomène qui reste toujours aussi difficile à définir.

1. LA COMMUNICATION LITTÉRAIRE

La communication littéraire, et c'est en cela qu'elle diffère de tous les autres modes verbaux de communication, a pour objet de transmettre à une autre personne, éloignée dans l'espace et dans le temps, une expérience individuelle, dans ce qu'elle peut avoir de particulier, d'exceptionnel, d'unique. Or, André

Martinet ne manquait pas de le faire remarquer : « L'expérience personnelle est incommunicable dans son unicité : » (1). Tout le problème de la littérature consistera donc : « dans cet effort pour socialiser linguistiquement une expérience vécue, jusqu'alors indicible, ou insuffisamment cernée par l'expression linguistique ou dont l'expression linguistique courante est usée » (Mounin, 1975).

A cet obstacle vont s'ajouter ceux qui relèvent de la communication écrite en général et qui prennent, en littérature, une acuité particulière : « Il convient de garder présent à l'esprit que le texte littéraire est souvent un texte écrit. En tant que communication *différée* (pas de feed-back, de réajustements automatiques, d'autorégulation), il constitue donc une communication *différente* de la communication orale quotidienne et personnalisée, une communication par définition non réversible, décontextualisée, hermétique et ambiguë, que l'on peut définir comme un carrefour d'absences et de malentendus (absence de l'émetteur et du contexte d'émission pour le récepteur, absence symétrique du récepteur et du contexte de réception pour l'émetteur etc.) » (Hamon, 1977, op. cit.).

Il apparaît donc que de toutes les formes de communication, la communication littéraire est certainement la plus improbable. Peut-on même, véritablement parler de communication en littérature (2) ?

A bien réfléchir, il semble que cela soit contradictoire dans les termes. Comment communiquer, et donc d'une certaine manière objectiver, ce qui relève par essence du subjectif ? comment faire partager ce qui ne peut pas l'être ou du moins fort approximativement ? - y a-t-il deux manières strictement identiques d'aimer, de voir, de sentir d'être au monde ? Comment s'assurer que pourra être reçu, même partiellement, un message à la réception duquel on ne pourra jamais assister ?

On pourra toujours, pour échapper à la contradiction, essayer de nier l'aspect communication de l'œuvre littéraire et parler à la place de production. C'est rejeter simplement pour plus tard la solution du problème. Il ne saurait y avoir de littérature autistique. Derrière tout texte se profile un lecteur, même si dans la masse indistincte de son public l'auteur ne part en quête que d'un autre soi-même.

2. LE CONTROLE DE LA LECTURE

Ceci va nous amener à faire justice ici d'une autre idée reçue qui a très souvent cours en matière de littérature, celle d'œuvre ouverte.

Certes, et cela peut se constater tous les jours, de tous les modes de lecture,

(1) Cité par Georges Mounin dans *Linguistique et philosophie* (op. cit.).

(2) Pour une discussion de la notion de communication littéraire on pourra lire dans Henry ZALAMANSKY *Le processus de communication littéraire* p. 158-161 in *Systèmes partiels de communication,* Paris - La Haye, éd. Mouton, 1972.

la lecture littéraire est celle qui est apparemment la plus libre dans sa conduite, celle que Robert Escarpit (1973) qualifie de *lecture projective* par opposition à la *lecture objective* dont la finalité est d'énoncer la totalité de l'information d'un texte. Chaque lecteur pourra sélectionner dans le texte un certain nombre d'indices, dont il déduira un sens, le mode de sélection de ces indices étant étroitement lié à la personne même du lecteur. D'où la diversité des sens qui peuvent être attribués à une même œuvre littéraire. Cela signifie-t-il pour autant que l'œuvre puisse tout dire, que n'importe quelle interprétation soit légitime ? Ce serait avoir de l'écrivain une vue singulière, celle d'un scripteur développant une sorte d'écriture automatique qui prendrait sens en dehors de toute intention initiale de communication.

Or, aussi trivial que cela puisse paraître, du moins aux yeux de certains, un écrivain écrit pour être lu, pour être reçu, et n'est absolument pas indifférent à la façon dont le lecteur se comportera vis-à-vis de son texte. L'auteur, puisqu'il ne peut contrôler personnellement les modalités de réception de son œuvre (1), du fait du caractère différé de la communication écrite, devra mettre en place des procédures spécifiques de contrôle du décodage. Michäel Riffaterre fut un des premiers à insister sur cet aspect de la lecture des textes littéraires : « L'auteur est très souvent conscient de ce qu'il fait, parce qu'il est préoccupé de la façon dont il veut que son message soit décodé, si bien que ce n'est pas la signification de celui-ci mais sa propre attitude vis-à-vis de ce message qui sont transmises au lecteur » (2). Plus que tout autre, l'écrivain est conscient de l'extrême fragilité de la communication écrite, des conditions imprévisibles de la réception de son message. Il devra donc, à tous moments, anticiper sur les réactions possibles de son lecteur. L'objectif de l'auteur est de contraindre le lecteur à porter son attention sur des points précis du texte : « en décodant là où il le juge important tout au long de la chaîne écrite les composantes qui ne pourront pas ne pas être perçues, quelle que soit la négligence du récepteur. Et puisque la prévisibilité est ce qui fait qu'un décodage elliptique suffit au lecteur, les éléments qui ne peuvent échapper à l'attention devront donc être imprévisibles » (Riffaterre, 1971, op. cit.). D'où la nécessité, selon Philippe Hamon (1977, op. cit.) : « de pallier (l') ambiguïté fondamentale (du texte écrit) par un surcodage compensatoire en

---

(1) On pourra toujours objecter que l'auteur, de son vivant, a la possibilité par des commentaires, des réponses à des interviews, des modifications apportées à son texte, de préciser le sens de son œuvre. Un tel contrôle est en réalité illusoire. Songeons par exemple à la mésaventure de Jean-Paul Sartre qui, effrayé de voir sa pièce *Les Mains Sales* devenir « objectivement anti-communiste », fut conduit à en interdire la représentation dans tous les pays où elle aurait pu être utilisée ou interprétée comme instrument de lutte anti-communiste (cf. p. 249 et suiv. in Jean-Paul SARTRE *Un théâtre de situations,* Paris, éd. Gallimard, coll. Idées, 1973). Mais dira-t-on, quel crédit accorder alors à la notion de création littéraire, puisque l'émetteur, le premier, est incapable de préciser le sens de son message ? C'est en fait confondre d'une part l'auteur, c'est-à-dire celui qui écrit et avec lequel nous sommes réellement en communication, et le héros d'une biographie qui, dans la plupart des cas, reste extérieur à l'écriture de l'œuvre.

(2) In *Essais de stylistique structurale,* Paris, éd. Flammarion, 1971, p. 34.

incorporant au message même une série de signaux, de structures équationnelles ou relationnelles, de procédés ou d'opérations stylistiques désambiguïsants de natures diverses, bref en construisant de concert texte, contexte et métatexte, en combinant glose sur soi (mode autonyme) et glose sur le code de la langue (mode métalinguistique) ».

Il s'agira donc, d'une part, pour l'écrivain, de procéder à un surinvestissement au niveau de l'écriture destiné à élever la puissance initiale d'émission du message en vue d'assurer une réception toujours aléatoire, et d'équiper le texte d'une série de dispositifs destinés à assurer la permanence de l'intelligibilité du message, pourvoir ainsi le texte d'un système d'auto-interprétation.

Si bien que tous les procédés stylistiques traditionnellement répertoriés (métaphores, images, etc.), certaines composantes du texte comme la description, ne doivent plus être interprétés comme des éléments dont la seule fonction est de procurer un plaisir esthétique, mais comme des dispositifs technologiques dont la fonction est d'assurer un contrôle plus strict du décodage du texte, de fixer la lecture en un point déterminé du texte choisi par l'auteur, de la rendre en définitive plus impérative.

Ceci est-il contradictoire avec le fait que le lecteur se sent toutefois libre dans son interprétation du texte ? Certainement pas, car ce à quoi l'auteur s'attache en premier lieu, c'est à *l'identification* par le lecteur de certains aspects de son texte, qu'il juge essentiels. Les expériences menées par Michäel Riffatterre, en recourant au concept *d'archilecteur* (1), prouvent qu'il y a généralement convergence des lectures sur certains points nodaux du texte, souvent les mêmes, alors que l'interprétation donnée par chacun pourra varier considérablement. Si nous avons donc pu parler de lecture contrainte en littérature, c'est avant tout au niveau de l'identification des éléments pertinents du texte, non de leur interprétation.

En théorie, le texte littéraire touche l'impossible : admettre une pluralité d'interprétations à partir d'une source unique et non modifiable de signes, soumettre le lecteur dans sa démarche de décodage sans aliéner pour autant sa liberté d'interprétation, se prêtant à toutes les réécritures sans jamais perdre son identité profonde, faisant de son ambiguïté fondamentale la condition de sa survie et de sa lisibilité.

Peut-on alors définir ce que pourrait-être une lecture littéraire des textes ? Cela peut-il s'apprendre ? Questions auxquelles il est impératif de répondre, et pour lesquelles la réponse est loin d'être évidente dans la mesure où la relation lecteur-texte, par la multiplicité des facteurs mis en jeu et la complexité de leurs combinaisons, semble devoir échapper à toute tentative de description.

---

(1) Cf. Michaël RIFFATERRE (1971, op. cit.), *Perception et analyse du style* p. 40 et suiv.

3. VERS UNE PÉDAGOGIE DE LA LECTURE LITTÉRAIRE

Une pédagogie de la lecture littéraire des textes devra procéder d'une démarche d'approche qui fera intervenir prioritairement l'activité du lecteur par rapport au texte, et non comme on le fait parfois encore l'étude des rapports qui peuvent lier le texte à la vie de l'auteur ou à la réalité qu'il est supposé représenter.

Le texte littéraire, à la différence de tous les autres, comme message « unique », a dû vaincre toutes les contraintes, toutes les surdéterminations qui pèsent sur la production d'un quelconque message écrit. « Donner un sens plus pur aux mots de la tribu », tel est bien le problème de chaque écrivain, de chaque poète, redonner à un langage constamment menacé par la redite, le cliché, le banal, la possibilité de dire le nouveau, l'exceptionnel, le particulier, l'indicible même, vaincre l'inertie d'un langage qui nous a été légué par les autres, réaliser ce que Gilles Granger nomme : « l'individuation du message » (1).

Le texte littéraire ne peut alors être lu comme un chef-d'œuvre immobile, assemblage définitif, instantanément apparu, de mots rassemblés dans leur forme la plus parfaite. Ecrire littérairement, si l'on nous permet cette expression, c'est à partir du dire des autres tel que nous le propose la rhétorique, la tradition littéraire, parvenir à construire son dire propre, le texte n'étant pas le produit d'un miracle de l'esprit mais le terme d'un combat engagé contre la fatalité d'un langage qui ne nous appartient pas.

Lire littérairement les textes, consistera à effectuer le parcours inverse, retrouver les mots sous les mots, par « cette lecture « palimpseste » du texte » (Raymonde Debray-Genette, 1977) lui redonner son épaisseur que masque la linéarité apparente de la phrase, discerner derrière le texte achevé la trace des textes possibles, des ébauches, des projets, ce que Julien Gracq appelle « les fantômes de livres successifs que l'imagination de l'auteur projetait à chaque moment en avant de sa plume, et qui changaient, avec le gauchissement inévitable que le travail d'écrire imprime à chaque chapitre, tout comme une route sinueuse projette devant le voyageur, au sein d'un paysage d'un caractère donné, une série de perspectives différentes parfois inattendues. » Il ajoute encore : « A chaque tournant du livre, un autre livre possible et même souvent probable a été rejeté au néant (...) Et ces livres dissipés à mesure ; rejetés par millions aux limbes de la littérature - et c'est en quoi ils importeraient au critique soucieux d'expliquer parfaitement - ces livres qui n'ont pas vu le jour, d'une certaine manière, ils *comptent*, ils n'ont pas disparu tout entiers. » (2)

Inscrire donc la lecture dans un projet d'écriture, développer ce qu'on pourrait appeler une lecture génétique des textes, lecture inséparable d'un travail de réécriture.

(1) Cité par Georges MOUNIN dans *La Communication Poétique*, éd. Gallimard, 1969.

(2) Julien GRACQ, *Lettrines,* Paris, Corti, 1967, p. 27 et 28.

Nous ne ferons ici que proposer quelques ébauches d'approches de textes, l'essentiel étant, quelle que soit la démarche précise adoptée, d'amener l'élève à lire les textes de l'intérieur.

● *Lecture de projets*

Comparer différents états d'un même texte, depuis le noyau original jusqu'à la réalisation définitive. Exemple : le début de *Germinal* d'Emile Zola.

- *Plan général*

Arrivée d'Etienne.

- *Premier plan détaillé*

Etienne seul sur le route de Marchiennes à Montsou. Marchiennes à deux lieues. Il en est parti de bonne heure pour se rendre à Douai, ou ailleurs. Il n'y a pas trouvé de travail, dans les grandes usines. La route toute droite, la nuit noire, le ciel couvert d'un voile gris, le vent glacial qui souffle dans la plaine rase. Le vent vous coupe. Il est parti depuis une heure à peine, lorsqu'il aperçoit les feux du Voreux, et il s'approche pour se réchauffer et pour demander.

- *Deuxième plan détaillé*

Dans la plaine rase, sous la nuit de mars, poser un homme qui marche. Il ne voit rien, il n'a conscience que de l'étendue par le vent qui souffle et vient de loin (vent balayant). La route noire à ses pieds (toute droite), il ne la voit pas. Temps sec, aigre, ciel épais d'encre. La terre sonne dure. Il a quitté Marchiennes avant trois heures, il marche vite, il ne doit plus être qu'à deux kilomètres de Montsou à peine, lorsqu'il voit les feux du terril sur la gauche...

- *Version définitive*

Dans la plaine rase, sous la nuit sans étoiles, d'une obscurité et d'une épaisseur d'encre, un homme suivait seul la grande route de Marchiennes à Montsou, dix kilomètres de pavés coupant tout droit, à travers les champs de betteraves. Devant lui, il ne voyait même pas le sol noir, et il n'avait la sensation de l'immense horizon plat que par les souffles du vent glacé de mars, des rafales larges comme une mer, glacées d'avoir balayé des lieues de marais et de terres nues. Aucune ombre d'arbre ne tachait le ciel, le pavé se déroulait avec la rectitude d'une jetée, au milieu de l'embrun aveuglant des ténèbres (1) ...

Les exploitations pédagogiques de ce matériel sont multiples - lecture simultanée des quatre versions, réécriture par les élèves de la version définitive, à partir des trois premiers projets et comparaison de leur travail avec le texte de Zola, etc.

● *Texte et sous-texte*

On peut aussi, au lieu d'étudier les différents états d'un texte, comparer un

(1) D'après l'étude proposée par Henri MITTERAND dans son édition de *Germinal* coll. Le Pléiade, p. 1854 et suiv. pour les différents plans et p. 1133 pour le texte original.

texte dans sa version « banale », prosaïque et dans sa version authentique, pour faire apprécier l'écart qui peut exister entre une manière ordinaire de dire les êtres et les choses ; disposant de ce repère, situer la parole du poète, de l'écrivain (1). Par exemple, en confrontant le « sous-texte » élaboré par Georges Mounin (2) et le poème de René Char.

- ● *Le loriot*

« 3 Septembre 1939 :

Ce matin l'aube était merveilleuse. Le ciel s'ouvrait littéralement. De tous ses rayons rasants, le soleil traçait une perspective éclatante, comme pour une entrée triomphale. Seules, à la surface de la brume éclairée, pointaient les cimes des choses, arbres, maisons, collines. Et l'étendue tout entière avait l'air d'une grande ville dont on n'aurait vu que les toits. Dans le cerisier du jardin, le loriot chanta. Je perçus d'un seul coup, physiquement, la signification pour moi de la guerre déclarée. Ce ne fût qu'un instant : cette lumière et ce chant - la voix du loriot comme le son même de la lumière, la trompette des longs rayons - suffirent à me faire sentir la vie dont j'étais exclu. Notre lit m'apparut comme un monde à jamais révolu. Je tirai la couverture, la vue de ce lit ouvert me déchirait. Le temps d'un éclair, mon désespoir fut exactement celui d'un homme qui sait qu'il va mourir. » G. Mounier

« Le loriot

(3 septembre 1939)

Le loriot entra dans la capitale de l'aube.

L'épée de son chant ferma le lit triste. Tout à jamais prit fin (s). »

René Char

Dans une meilleure hypothèse pédagogique, il serait encore préférable de faire élaborer par les élèves le sous-texte, à partir d'indications générales fournies par le professeur, et de confronter l'expérience de l'écriture de l'élève à celle de René Char, mieux faire sentir l'extraordinaire densité de son texte, faire participer l'élève au ploiement du sens, à ce travail de rétraction de l'écriture où des signifiés multiples peuvent s'inscrire dans une forme unique. Ce qu'une lecture naïve interpréterait comme ambiguïté sera alors interprété comme cette volonté d'attirer d'une part l'attention du lecteur sur un point estimé important par

(1) On trouvera des développements sur la pédagogie de l'écart dans l'étude des textes littéraires dans Michel BENAMOU *Pour une nouvelle pédagogie du texte littéraire,* Paris, Hachette, 1970, Coll. Belc/Le Français dans le Monde.

(2) Dans *La Communication Poétique* p. 42 et 43 (c) éd. Gallimard.

rupture d'un enchaînement séquentiel et donc annulation brutale d'une prévisibilité, par ce désir d'inclure tous les sens : « y (encoder) à la fois l'indication qu'un choix est possible entre plusieurs interprétations, et l'impossibilité de décider de ce choix » (Michaël Riffaterre, 1970, op. cit. p. 340).

Cette nouvelle façon de poser le regard sur les textes ne peut venir que d'une expérience de l'écriture, même modeste, même caricaturale à la limite, développant ainsi, au vrai sens du terme, ce qu'on peut appeler une lecture créatrice, rendant ainsi perceptible une dimension verbale trop souvent négligée.

Il faudra donc toujours distinguer, comme il est toujours nécessaire de le faire en lecture, d'une part la prise de contact avec le texte, travail d'exploration souvent sensorielle, on « goûte » aux mots, on ne se contente pas de les analyser, d'autre part la réaction au texte, qui est l'affaire de chacun. Tout le monde ne peut pas être sensible à tous les textes, et le même texte n'éveillera pas forcément, chez différents auditeurs, le même cortège de sensations enfouies. Une des erreurs de l'enseignement traditionnel de la littérature est justement d'avoir voulu répertorier et définir l'ensemble des significations susceptibles de se manifester chez le lecteur à la lecture des textes les plus célèbres de la littérature française. C'est confondre identification et interprétation. La première tâche peut s'apprendre, peut se définir, la seconde est du ressort de chacun, nul enseignement, à moins d'être dogmatique, ne saurait imposer quoi que ce soit dans ce domaine où pourra s'exercer la liberté du lecteur.

Pédagogie donc de la communication, mais d'une communication particulière, ainsi que le rappelle Georges Mounin « la fameuse explication de texte (...) n'a peut-être pour résultat - sinon pour objet - que de suggérer par un exemple comment la lecture d'un texte littéraire établit surtout la communication avec soi-même, ou plutôt avec une partie de soi-même non exprimée, celle de ses expériences vécues mais non verbalisées, y compris celle de l'imaginaire ». (1)

(1) Dans *Langue, style et poésie* in *Linguistique et philosophie* (op. cit.) p. 214.

CONCLUSION

Il serait abusif de prétendre qu'au terme de ce rapide survol, tous les aspects de l'acte de lire ont été décrits, et tous les problèmes que pose son enseignement résolus. Beaucoup reste encore à entreprendre dans la connaissance du fonctionnement des textes - si les textes littéraires ont été surabondamment étudiés, il est encore loin d'en être de même dans les autres domaines de l'écrit -, et plus encore dans l'élucidation des opérations intellectuelles mises en œuvre par le lecteur lors de l'attribution du sens au texte.

Notre propos, tout d'abord, était de modifier l'image que l'on se fait généralement de la lecture. Le silence et l'isolement dans lesquels s'accomplit le plus souvent l'acte de lire ont engendré de nombreux malentendus, le plus répandu étant celui qui définit la lecture comme une activité de pure réception, durant laquelle le lecteur est passif. Or, et nous avons, semble-t-il, suffisamment insisté là-dessus, lire est une activité au plein sens du terme. Elle mobilise chez le lecteur l'ensemble de son appareil cognitif au travers de sa compétence linguistique, avec la même intensité qu'en situation d'expression.

Déjà se poseront alors les premiers problèmes pédagogiques. Comment enseigner, comment évaluer une activité qui n'a d'autre manifestation extérieure que le mouvement des yeux du lecteur ? Quel dialogue établir avec l'élève qui ne transforme pas très rapidement un métalangage en un métadiscours et fasse de ce qui devrait être un apprentissage réel de la lecture un bavardage de salon où le goût du commentaire élégant l'emporte sur le développement de la compréhension ?

Détourné dès l'origine de ses objectifs fondamentaux, l'enseignement de la lecture doit retrouver une sorte de pureté première, se dépouiller de toute la tradition de gloses et de commentaires qui l'avait envahi, au point que l'on avait fini par ne plus savoir ce qu'apprendre à lire voulait dire.

On essaiera plus simplement et, dans un premier temps, de dresser un bilan des points qui semblent à peu près assurés, ceux à partir desquels il sera possible de concevoir une démarche pédagogique cohérente :

— lire est une activité de recherche et non de découverte. Elle s'inscrit dans un projet - souvent informulé il est vrai, mais bien réel cependant -, répond à une attente et se définit en terme de repérage plus que d'exploration ;

— lire ne peut s'entreprendre que si le lecteur dispose déjà d'une expérience du décodage des textes, à la limite de systèmes signifiants d'une autre nature, expérience qu'il réinvestira sur le texte nouveau en vue de dégager non des significations linguistiques nées du rapport signifiant-signifié, mais le sens général du système-texte ;

— lire sera, dans la plupart des cas, une opération de type déductif, le sens du texte étant déduit de l'interprétation de l'ensemble des indicateurs sémiologiques extérieurs au texte (titres, documents iconiques, graphiques, couverture, etc.), ce travail d'analyse pré-textuel permettant au lecteur d'élaborer des hypothèses de sens, de réduire à un niveau acceptable son état initial d'incertitude ;

— lire consistera à rattacher systématiquement le texte nouveau et donc théoriquement inconnu à tout ce qui est susceptible d'en réduire la spécificité et la nouveauté : genre, système vraisemblable, fonctionnement discursif, intertextualité ... - Cela consistera à partir à la découverte de ressemblances, à nier l'autonomie du texte, à la réinsérer dans un continuum culturel et discursif, ce qui suppose bien évidemment qu'auteur et lecteur partagent un certain nombre de ces données, évoluent dans la même communauté de répertoire, sans quoi ne pourrait s'établir aucune communication ;

— lire consistera enfin à partir à la recherche de signaux spécifiques, de lieux stratégiques, repérables soit parce que l'auteur les aura annoncés, créant ainsi une attente que le lecteur s'efforcera de combler, soit parce que, imprévisibles, leur survenue crée un effet de surprise, les deux procédés étant destinés à faciliter le travail de détection du lecteur. Le lecteur pourra ainsi, à partir de l'organisation en réseau de ces signaux, donner une première représentation du texte, qu'il pourra progressivement affiner pour ensuite les interpréter et les évaluer.

En définitive, le problème de la lecture et de son enseignement est assez simple à formuler :

— le texte, dans sa manifestation verbale, se présente comme une masse compacte de signes indifférenciés ;

— le problème sera pour le lecteur, à chaque fois, de disposer d'un système de discrimination des signes, en vue notamment d'isoler ceux qu'il estime pertinents (mots-clés, articulateurs logiques, articulateurs rhétoriques, etc.), ce qu'en d'autres termes on appelle une grille d'analyse, permettant ainsi l'entrée dans le texte ;

— apprendre à lire des textes, ce sera non pas précipiter l'élève dans un décodage hâtif et maladroit de significations linguistiques, mais *lui apprendre à élaborer ses propres outils de décodage et d'interprétation.*

On familiarisera ainsi l'élève avec différents types de discours, on lui apprendra progressivement à les reconnaître, à en identifier les composantes, évaluer le traitement auquel l'auteur les a soumis, percevoir donc clairement le fonctionnement du texte - déjà porteur de sens - avant de discuter du sens perçu et des différentes interprétations que l'on peut lui donner.

A l'égard du texte, l'élève ne sera plus en situation de contemplation ainsi qu'il l'est habituellement, il sera celui qui, par son initiative, donnera vie au texte en lui attribuant un sens. C'est retrouver ici tous les problèmes d'une pédagogie centrée sur l'élève et non plus sur la matière à enseigner. Il ne s'agira plus d'apporter à l'élève un savoir clos, relatif à un domaine textuel donné, mais, de façon plus ambitieuse peut-être, de lui permettre de lire tous les textes, tout en préservant sa liberté d'interprétation.

Une dernière remarque pour terminer : les conditions actuelles d'enseignement, et la situation n'est pas nouvelle (1), dissocient pour ainsi dire totalement le travail de lecture de celui d'écriture, au point que ce dernier, dans le second cycle français par exemple, cesse d'être considéré comme un objectif principal d'enseignement. L'écrit qui y est développé est engendré par la lecture, et l'est en tant que métadiscours et non discours de création. Les tendances qui se dessinent actuellement, notamment avec la mise en place de programmes spécialisés d'entraînement à la compréhension écrite, conduisent à isoler encore plus l'enseignement de la lecture des autres activités langagières.

Mais il y a dans l'acte de lire ce que Robert Escarpit (1973, p. 118) appelle : « le pouvoir d'initiative du destinataire et de ce fait (la communication écrite) nourrit elle-même sa propre expansion et dépasse les objectifs fonctionnels qu'on voudrait lui assigner ». Il serait alors regrettable de ne pas favoriser par un va-et-vient constant entre une pratique du lire et de l'écrire une conscience plus aiguë de la problématique de la communication écrite. Il y a dans tout apprentissage une dynamique qu'il faut savoir exploiter et favoriser.

En apprenant à lire à l'individu, François Furet et Jacques Ozouf l'ont bien montré, on l'affranchit des servitudes et des pressions du groupe habituellement générateur de comportements stéréotypés, on fait reculer les limites du cercle intellectuel et idéologique dans lequel il évolue, on aide l'individu à naître et à s'épanouir, mais en associant à cette pratique celle de l'écriture, on lui offre la possibilité de communiquer avec les autres, en élaborant lui-même des messages, sur sa propre initiative.

On pourra trouver paradoxal qu'au terme d'une étude tout entière consacrée aux problèmes de la lecture, on achève par un éloge de l'écriture. Le texte écrit est le lieu d'une transaction des messages et comme dans toute transaction, il faut que chacun, à son tour, puisse intervenir. La communication orale permet à tout récepteur de se transformer en émetteur et inversement, ce qui en fait l'infinie richesse. C'est cet aspect de la communication qu'il faudrait à tout prix préserver dans une pédagogie de l'écrit. Qu'un apprentissage débouche sur de nouvelles exigences sera toujours le signe le plus sûr de sa réussite et de son intérêt.

---

(1) Lire à ce sujet l'étude toujours actuelle de Gérard GENETTE *Rhétorique et enseignement* dans *Figures II,* Paris, Le Seuil, 1969.

BIBLIOGRAPHIE

(Seuls figurent dans cette liste les ouvrages qui n'ont pas fait l'objet de référence dans les notes de bas de page).

Gerardo ALVAREZ

L'enseignement du français comme instrument d'accès à l'information. (Doc. Aupelf, multigr., Strasbourg 1977).

Françoise AUTRAND

Culture et mentalité : les librairies des gens du Parlement au temps de Charles VI. *Annales* n° 5, sept. oct. 1972.

Roland BARTHES

Le linguistique du discours, La Haye, Manton, 1970 article *Texte, Encyclopaedia Universalis 1974.*
L'ancienne rhétorique, *Communications* n° 16, 1972.

Marie-Jeanne BOREL

Introduction à l'étude de l'argumentation, *Revue Européenne des Sciences Sociales* - Cahiers Vilfredo Pareto *Etudes sur le discours argumenté,* Droz éd.

Pierre CLARAC

L'enseignement du francais, Paris, P.U.F., coll. SUP.

Janine COURTILLON

Une nouvelle perspective pour l'enseignement du français langue étrangère : la pédagogie de l'énonciation ou le traitement du discours dans la méthode audio-visuelle de perfectionnement en langue professionnelle : Exprimez-vous en spécialiste de... - *A.C.T.I.M.* doc. multig.

Danièle DUBOIS

Quelques aspects de la compréhension du langage : mémoire sémantique et compréhension, *Spécial annuel 1976, Bulletin de Psychologie de l'Université de Paris.*

Claude DUCHET

Pour une sociocritique ou variations sur un incipit *Littérature* n° 1, fév. 1971.

M.F. EHRLICH

Apprentissage et mémoire des textes : problèmes théoriques et méthodologiques, *Spécial annuel 1976, Bulletin de Psychologie de l'Université de Paris.*

Robert ESCARPIT

L'écrit et la communication, Paris, *P.U.F., 1973* - coll. *Que Sais-je ?*

Serge FENEUILLE

Pour des revues multilingues, *Le Monde* 11 février 1976.

Guy FOURQUIN

Le premier Moyen Age, *Histoire de la France rurale* (t. 1) Paris, Le Seuil, 1975.

Pierre FRANCASTEL

La figure et le lieu - L'ordre visuel du Quattrocento - Paris, Gallimard, 1967.

Robert FRANCK

Le savoir et les opinions, *L'idéologie dans la science,* Paris, Le Seuil, 1977, coll. Science ouverte.

Gérard GENETTE

Vraisemblable et motivation, *Communications* n° 11, 1968.

Geneviève GOLDBERG

Syntaxe et types d'énonciation, *Langue française,* n° 35, 1977.

Pierre GRIMAL

La civilisation romaine, Grenoble, Arthaud, 1964, coll. Les Grandes Civilisations.

Charles GRIVEL

Production de l'intérêt romanesque, Paris/La Haye, Mouton, 1973.

Louis GUESPIN

Problématique des travaux sur le discours politique, *Langages* n° 23, sept. 1971.

Philippe HAMON

Notes sur la notion de norme et de lisibilité en stylistique, *Littérature* n° 14, mai 1974.

Roman JAKOBSON

Essais de linguistique générale, éd. de Minuit, 1963.

Laurent JENNY

Stratégie de la forme, *Poétique* n° 27, 1976.

Hans Robert JAUSS

Littérature médiévale et théories des genres, *Poétique* n° 1, 1970.

Pierre KUENTZ

L'envers du texte, *Littérature* n° 7, oct. 1972.

Emmanuel LE ROY LADURIE

De la crise ultime à la vraie croissance, 1660 - 1789, *Histoire de la France rurale* (t. 2), Paris, Le Seuil, 1975.

Kenneth LOCKRIDGE

L'alphabétisation en Amérique coloniale, 1650 - 1800, *Annales* n° 3 mai-juin 1977.

Yvette LUCAS

Codes et machines, Paris, PUF, 1974, coll. SUP.

Stéphane LUPASCO

La logique de l'événement, *Communications* n° 18, 1977.

Henri-Irénée MARROU

L'antiquité tardive, Paris, Le Seuil, 1977, coll. Points.

Jean MEYRIAT

Les non-livres, *L'année du livre,* Paris, Imprimerie Nationale, 1972.

Gaston MIALARET

Psychologie expérimentale de la lecture, de l'écriture et du dessin, *Psychologie expérimentale* t. VIII, sous la direction de Paul FRAISSE et Jean PIAGET, Paris, P.U.F. 1965.

Chaïm PERELMAN

Le champ de l'argumentation ; Bruxelles, Presses de l'Université Libre de Bruxelles, 1974.

Jean PEYTARD

Lecture (s) d'une aire scripturale : la page de journal, *Langue française* n° 28, 1975.

Bernard POTTIER

Eléments de linguistique générale, Paris, Klincksieck, 1974.

Luis PRIETO

Messages et signaux, Paris, P.U.F., 1966, coll. Sup.

François RICHAUDEAU

Méthode de lecture rapide, Paris, éd. de Retz, 1969.

Michaël RIFFATERRE

Aspects psychologiques de la lecture, *L'enseignement de la littérature,* Paris, Plon, 1971.

Danica SELESKOVITCH

Langages, langue et mémoire, Paris, éd. Lettres Modernes, 1975, coll. Cahiers Champollion.

Danica SELESKOVITCH

Traduire : de l'expression au concept, *Etudes de Linguistique appliquée* n° 24, oct., déc. 1976.

Tzvetan TODOROV

La lecture comme représentation, *Poétique* n° 24, 1975.

Jean ULLMO

Les concepts physiques, *Logique et connaissance scientifiques,* sous la direction de Jean PIAGET, Paris, Gallimard, 1967, Encyclopédie La Pléiade.

Georges VIGNAUX

L'argumentation, essai de logique discursive, Genève, Droz, 1977,

Paul ZUMTHOR

Médiéviste ou pas, *Poétique* n° 31, sept. 1977.

TABLE DES MATIERES

N° d'éditeur CL 25186 I (M.V.F.SB) C.F.
Dépôt légal 3e trimestre 1979
Imprimé en France par Pollina, 85400 Luçon, N° 2789